职教出海（中文+能力）通用人才培养精品教材

商务汉语

主　编　张燕玲　文　佳　黄　宇
副主编　王　珏　谭　青
参　编　谢　菁　任冰心　张诗潇
　　　　孙　丹　荷西韩（老挝）

华中科技大学出版社
http://press.hust.edu.cn
中国·武汉

内 容 简 介

《商务汉语》旨在帮助大家快速掌握商务汉语的基本知识和使用技巧,提高跨文化沟通能力。本教材涵盖了基本词汇、语法、练习三个方面的内容,并增加了职场文化、传统文化和古诗欣赏的内容。在编写过程中,针对商务汉语的特点,精选商务汉语中最常用的词汇和表达形式,语言简练,生动,富于幽默感。练习形式多样,活泼,富于启发性。从基础知识到高级技能层层递进,内容既前后衔接,又相对独立。

本教材实用性、针对性强,既包括语言知识、商务专业知识的学习,也包括言语技能的训练,还融入了相关的商务文化知识,让学习者在提高汉语水平的同时,培养其表达能力和分析能力,鼓励学习者多元化发展。

图书在版编目(CIP)数据

商务汉语/张燕玲,文佳,黄宇主编.—武汉:华中科技大学出版社,2024.5
ISBN 978-7-5772-0535-9

Ⅰ.①商⋯ Ⅱ.①张⋯ ②文⋯ ③黄⋯ Ⅲ.①商务-汉语-对外汉语教学-教材 Ⅳ.①H195.4

中国国家版本馆 CIP 数据核字(2024)第 039132 号

商务汉语 张燕玲 文 佳 黄 宇 主编
Shangwu Hanyu

策划编辑:聂亚文		责任校对:张会军
责任编辑:陈 骏 刘小雨		责任监印:周治超
封面设计:孢 子		

出版发行:华中科技大学出版社(中国·武汉)　　电话:(027)81321913
　　　　　武汉市东湖新技术开发区华工科技园　　邮编:430223
录　　排:华中科技大学惠友文印中心
印　　刷:武汉市籍缘印刷厂
开　　本:787mm×1092mm　1/16
印　　张:9.25
字　　数:198千字
版　　次:2024年5月第1版第1次印刷
定　　价:38.00元

本书若有印装质量问题,请向出版社营销中心调换
全国免费服务热线:400-6679-118　　竭诚为您服务
版权所有　侵权必究

前　言

在这个全球化的时代，中国与世界各国的经贸往来日益密切。中国-东盟自由贸易区的建立，极大地推动了中国与东盟国家的合作发展。越来越多的外国人选择学习汉语，以便更好地了解中国文化，拓展商务合作机会。为了满足广大读者的需求，我们特编写了这本《商务汉语》，旨在帮助大家快速掌握商务汉语的基本知识和使用技巧，提高跨文化沟通能力。

本教材涵盖了商务汉语的基本词汇、语法、练习三个方面的内容，同时增加了职场文化、传统文化及古诗欣赏的内容。在编写过程中，我们充分考虑了国际商务人士的实际需求，力求做到实用性、针对性和趣味性相结合。本教材具有以下特点。

（1）实用性强。本教材精选了商务汉语中最常用的词汇和表达形式，涉及商务谈判、市场营销、企业管理等多个领域，旨在帮助学习者在实际工作中能迅速应对各种商务场景。

（2）针对性明确。本教材针对商务汉语的特点，重点讲解商务场合礼仪、商务沟通技巧、商务文书写作等内容，使学习者能够更好地适应商务环境，提高跨文化沟通能力。

（3）趣味性十足。本教材除了采用生动有趣的案例、对话和练习，让学习者在轻松愉快的氛围中学习商务汉语，提高学习兴趣和效果以外，还增加了职场文化、传统文化和古诗欣赏三部分内容。让学习者在学习商务汉语的同时，了解中国传统文化。

（4）系统性强。本教材从基础知识到高级技能，层层递进，系统全面地介绍了商务汉语的各个方面，使学习者能够全面掌握商务汉语知识。

在学习本教材的过程中，我们希望您能够积极参与课堂讨论，多与同学交流，大胆尝试用商务汉语进行沟通。同时，我们也鼓励您关注中国的经济发展动态，了解中国企业的最新情况，以便更好地运用所学知识。

本教材在编著过程中使用了部分图片及文章，在此向这些图片及文章的版权所有者表示诚挚的谢意！由于客观原因，我们无法联系到您。如您能与我们取得联系，我们将在第一时间更正任何错误或疏漏。

最后，衷心祝愿大家能在学习商务汉语的道路上取得丰硕的成果，为促进中外经贸交流做出贡献！

Qián Yán

　　Zài zhè ge quán qiú huà de shí dài, zhōng guó yǔ shì jiè gè guó de jīng mào wǎng lái rì yì mì qiè. Zhōng guó-dōng méng zì yóu mào yì qū de jiàn lì, jí dà de tuī dòng le zhōng guó yǔ dōng méng guó jiā de hé zuò fā zhǎn. Yuè lái yuè duō de wài guó rén xuǎn zé xué xí hàn yǔ, yǐ biàn gèng hǎo de liǎo jiě zhōng guó wén huà, tuò zhǎn shāng wù hé zuò jī huì. Wèi le mǎn zú guǎng dà dú zhě de xū qiú, wǒ men tè biān xiě le zhè běn《shāng wù hàn yǔ》, zhǐ zài bāng zhù dà jiā kuài sù zhǎng wò shāng wù hàn yǔ de jī běn zhī shí hé shǐ yòng jì qiǎo, tí gāo kuà wén huà gōu tōng néng lì.

　　Běn jiào cái hán gài le shāng wù hàn yǔ de jī běn cí huì、yǔ fǎ、liàn xí sān gè fāng miàn de nèi róng, tóng shí zēng jiā le zhí chǎng wén huà、chuán tǒng wén huà jí gǔ shī xīn shǎng de nèi róng. Zài biān xiě guò chéng zhōng, wǒ men chōng fèn kǎo lǜ le guó jì shāng wù rén shì de shí jì xū qiú, lì qiú zuò dào shí yòng xìng、zhēn duì xìng hé qù wèi xìng xiāng jié hé. Běn jiào cái jù yǒu yǐ xià tè diǎn.

　　（1）Shí yòng xìng qiáng. Běn jiào cái jīng xuǎn le shāng wù hàn yǔ zhōng zuì cháng yòng de cí huì hé biǎo dá xíng shì, shè jí shāng wù tán pàn、shì chǎng yíng xiāo、qǐ yè guǎn lǐ děng duō gè lǐng yù, zhǐ zài bāng zhù xué xí zhě zài shí jì gōng zuò zhōng néng xùn sù yìng duì gè zhǒng shāng wù chǎng jǐng.

　　（2）Zhēn duì xìng míng què. Běn jiào cái zhēn duì shāng wù hàn yǔ de tè diǎn, zhòng diǎn jiǎng jiě shāng wù chǎng hé lǐ yí、shāng wù gōu tōng jì qiǎo、shāng wù wén shū xiě zuò děng nèi róng, shǐ xué xí zhě néng gòu gèng hǎo de shì yìng shāng wù huán jìng, tí gāo kuà wén huà gōu tōng néng lì.

　　（3）Qù wèi xìng shí zú. Běn jiào cái chú le cǎi yòng shēng dòng yǒu qù de àn lì、duì huà hé liàn xí, ràng xué xí zhě zài qīng sōng yú kuài de fēn wéi zhōng xué xí shāng wù hàn yǔ, tí gāo xué xí xìng qù hé xiào guǒ yǐ wài, hái zēng jiā le zhí chǎng wén huà、chuán tǒng wén huà hé gǔ shī xīn shǎng sān bù fen nèi róng. Ràng xué xí zhě zài xué xí shāng wù hàn yǔ de tóng shí, liǎo jiě zhōng guó chuán tǒng wén huà。

(4) Xì tǒng xìng qiáng。Běn jiào cái cóng jī chǔ zhī shí dào gāo jí jì néng, céng céng dì jìn, xì tǒng quán miàn de jiè shào le shāng wù hàn yǔ de gè gè fāng miàn, shǐ xué xí zhě néng gòu quán miàn zhǎng wò shāng wù hàn yǔ zhī shi。

Zài xué xí běn jiào cái de guò chéng zhōng, wǒ men xī wàng nín néng gòu jī jí cān yù kè táng tǎo lùn, duō yǔ tóng xué jiāo liú, dà dǎn cháng shì yòng shāng wù hàn yǔ jìn xíng gōu tōng。Tóng shí, wǒ men yě gǔ lì nín guān zhù zhōng guó de jīng jì fā zhǎn dòng tài, liǎo jiě zhōng guó qǐ yè de zuì xīn qíng kuàng, yǐ biàn gèng hǎo de yùn yòng suǒ xué zhī shi。

Běn jiào cái zài biān zhù guò chéng zhōng shǐ yòng le bù fen tú piàn jí wén zhāng, zài cǐ xiàng zhè xiē tú piàn jí wén zhāng de bǎn quán suǒ yǒu zhě biǎo shì chéng zhì de xiè yì! Yóu yú kè guān yuán yīn, wǒ men wú fǎ lián xì dào nín。Rú nín néng yǔ wǒ men qǔ dé lián xì, wǒ men jiāng zài dì yī shí jiān gēng zhèng rèn hé cuò wù huò shū lòu。

Zuì hòu, zhōng xīn zhù yuàn dā jiā néng zài xué xí shāng wù hàn yǔ de dào lù shàng qǔ dé fēng shuò de chéng guǒ, wèi cù jìn zhōng wài jīng mào jiāo liú zuò chū gòng xiàn!

目　　录

序章　第一次应聘　　　　　　　　　　　　　　　　　／　1

第一章　你好，新公司！　　　　　　　　　　　　　　／　15

第二章　努力工作每一天　　　　　　　　　　　　　　／　30

第三章　中国发展太快了！　　　　　　　　　　　　　／　42

第四章　我们的新产品　　　　　　　　　　　　　　　／　56

第五章　发送邮件　　　　　　　　　　　　　　　　　／　73

第六章　见客户　　　　　　　　　　　　　　　　　　／　90

第七章　酒逢知己千杯少　　　　　　　　　　　　　　／　105

第八章　海内存知己，天涯若比邻　　　　　　　　　　／　116

生词索引　　　　　　　　　　　　　　　　　　　　　／　135

Contents

Opening words   Applying for a position for the first time

Chapter 1   Hello, new company!

Chapter 2   Working hard everyday

Chapter 3   How rapidly China develops!

Chapter 4   Our new products

Chapter 5   Sending emails

Chapter 6   Meeting clients

Chapter 7   A thousand cups of wine are not too many when drinking with close friends.

Chapter 8   If you have a friend afar who knows your heart, distance cannot keep you two apart.

Word index

序章　第一次应聘

背景介绍 Background

人物介绍：苏缇雅（老挝籍留学生）、面试官

地点：公司面试间

应聘前思考：
1. 应聘职位与自己在校所学专业相符，并且更具多样化。
2. 自我介绍——准备自己的背景和经历简介。

基本课文 Dialogue

面　　试

（公司面试间，敲门声响起，苏缇雅走进面试间）

苏缇雅：各位面试官好！我是今天的面试者苏缇雅。

面试官：你好！请坐！

苏缇雅：谢谢！

面试官：我们开始吧。首先，请你介绍一下自己。

苏缇雅：好的。我叫苏缇雅，来自老挝。五年前我来到中国学习汉语，一年后申请到大学攻读本科。我的专业是市场营销，今年7月刚从大学毕业。在招聘网看到了贵公司的招聘信息，便来到这里。

面试官：你的中文很流利。接下来请详细说一下你有哪些工作经验吧。

苏缇雅：从大二开始到毕业，我一直利用假期实习打工。实习工作让我学习到很多有用的东西，并且让我对今后的工作有了一定的规划。

面试官：那你为什么申请我们公司的这个职位呢？

苏缇雅：我仔细看了贵公司这个职位的要求和说明。这个职位与我现在所学的专业是相符的，并且更具多样化。这对我来说不但是一个很好的挑战，而且也是一个增长专业知识、提高业务能力的好机会。我觉得这份工作可以让我更好地发挥专业特长，也更有利于我个人今后的职业发展。

面试官：好的，今天的面试就到这里。我们会在一个星期之内通知你最后的决定。谢谢你！

苏缇雅：谢谢，再见！

Miàn shì

(Gōng sī miàn shì jiān, qiāo mén shēng xiǎng qǐ, sū tí yǎ zǒu jìn miàn shì jiān)

Sū tí yǎ：Gè wèi miàn shì guān hǎo! Wǒ shì jīn tiān de miàn shì zhě sū tí yǎ。

Miàn shì guān：Nǐ hǎo! Qǐng zuò!

Sū tí yǎ：Xiè xie!

Miàn shì guān：Wǒ men kāi shǐ ba。Shǒu xiān, qǐng nǐ jiè shào yí xià zì jǐ。

Sū tí yǎ：Hǎo de。Wǒ jiào sū tí yǎ, lái zì lǎo wō。Wǔ nián qián wǒ lái dào zhōng guó xué xí hàn yǔ, yì nián hòu shēn qǐng dào dà xué gōng dú běn kē。Wǒ de zhuān yè shì shì chǎng yíng xiāo, jīn nián 7 yuè gāng cóng dà xué bì yè。Zài zhāo pìn wǎng kàn dào le guì gōng sī de zhāo pìn xìn xī, biàn lái dào zhè lǐ。

Miàn shì guān：Nǐ de zhōng wén hěn liú lì。Jiē xià lái qǐng xiáng xì shuō yí xià nǐ yǒu nǎ xiē gōng zuò jīng yàn ba。

Sū tí yǎ：Cóng dà èr kāi shǐ dào bì yè, wǒ yì zhí lì yòng jià qī shí xí dǎ gōng。Shí xí gōng zuò ràng wǒ xué xí dào hěn duō yǒu yòng de dōng xi, bìng qiě ràng wǒ duì jīn hòu de gōng zuò yǒu le yí dìng de guī huà。

Miàn shì guān：Nà nǐ wèi shén me shēn qǐng wǒ men gōng sī de zhè ge zhí wèi ne?

Sū tí yǎ：Wǒ zǐ xì kàn le guì gōng sī zhè ge zhí wèi de yāo qiú hé shuō míng。Zhè ge zhí wèi yǔ wǒ xiàn zài suǒ xué de zhuān yè shì xiāng fú de，bìng qiě gèng jù duō yàng huà。Zhè duì wǒ lái shuō bú dàn shì yí gè hěn hǎo de tiǎo zhàn，ér qiě yě shì yí gè zēng zhǎng zhuān yè zhī shi、tí gāo yè wù néng lì de hǎo jī huì。Wǒ jué de zhè fèn gōng zuò kě yǐ ràng wǒ gèng hǎo de fā huī zhuān yè tè cháng，yě gèng yǒu lì yú wǒ gè rén jīn hòu de zhí yè fā zhǎn。

Miàn shì guān：Hǎo de，jīn tiān de miàn shì jiù dào zhè lǐ。Wǒ men huì zài yí gè xīng qī zhī nèi tōng zhī nǐ zuì hòu de jué dìng。Xiè xie nǐ!

Sū tí yǎ：Xiè xie，zài jiàn!

 生词 New words

1.	首先	shǒu xiān	【副】	first of all
2.	申请	shēn qǐng	【动】	apply for
3.	招聘	zhāo pìn	【动】	recruit
4.	详细	xiáng xì	【形】	detailed
5.	规划	guī huà	【名】	plan
6.	职位	zhí wèi	【名】	position
7.	挑战	tiǎo zhàn	【动】	challenge
8.	荣誉	róng yù	【名】	honor
9.	职务	zhí wù	【名】	position；title
10.	评价	píng jià	【动】	make comments
11.	简历	jiǎn lì	【名】	resume
12.	技能	jì néng	【名】	skill
13.	负责	fù zé	【动】	be in charge of
14.	具备	jù bèi	【动】	be capable of
15.	描述	miáo shù	【动】	describe

语法 Grammar

一、"并且"的用法（The use of the word "并且"）

并且（bìng qiě）——连词，意思为表示两个动作同时或先后进行。用在复合句后半句中，表示更进一层的意思。

> （1）实习工作让我学习到很多有用的东西，**并且**让我对今后的工作有了一定的规划。
> （2）尊重你的朋友，**并且**要跟朋友讲信用。
> （3）中国是一个地大物博的国家，**并且**有着五千多年的悠久历史。

二、"首先"的用法（The use of the word "首先"）

首先（shǒu xiān）——副词，最先，最早。

> （1）**首先**，请你介绍一下自己。
> （2）对他的工作，**首先**要肯定成绩，然后再实事求是地指出缺点。
> （3）**首先**要广泛的结交朋友，然后要真诚地对待朋友，才能收获珍贵的友谊。

三、"对于"的用法（The use of the word "对于"）

对于（duì yú）——介词，引进对象或事物的关系者。"对于"的后面，也可加上"来说"。

> （1）这**对于**我来说不但是一个很好的挑战，而且也是一个增加专业知识、提高业务能力的好机会。
> （2）**对于**这个问题，我们还得仔细研究。
> （3）**对于**创业者来说，轰轰烈烈的事业要脚踏实地地干。

序章 第一次应聘

 练习 Exercises

1. 请用本课生词填空（Fill in the blanks with the new words in this lesson）

> 职位　申请　描述　规划　荣誉
> 技能　首先　详细　负责　挑战

(1) 要做成一件事，_____必须有信心。
(2) 不要_____那份工作，以免有不自量力之嫌。
(3) 每次客人来，我都_____地向他们介绍本地的情况。
(4) 只有知道了通往今天的路，我们才能清楚而明智地_____未来。
(5) 这位新来的同事脚踏实地地工作，谋取了好_____。
(6) 面对机遇和_____时，不能顾虑重重，错失良机。
(7) 在_____面前，他一向是很谦虚的。
(8) 学习任何_____技巧，都是要付出艰苦的劳动才能成功。
(9) 小王办事认真_____，经常受到表扬。
(10) 苏缇雅向我绘声绘色地_____了当地的风土人情。

2. 用括号中的词语完成句子（Complete the sentences with the words in the brackets）

(1) 为了适应社会的需要，_____。（具备）
(2) 他因工作出色，_____。（职务）
(3) 小王来公司已经半年了，_____。（评价）
(4) 今年公司扩大了规模，_____。（招聘）

3. 用"对于"或"对于……来说"完成下列对话（Complete the dialogues with "对于" or "对于……来说"）

(1) A：这项工作难吗？
　　B：_____。
(2) A：你和你的家人在中国生活还习惯吗？
　　B：_____。
(3) A：这家饭馆的菜真好吃啊。
　　B：_____。
(4) A：我每天都会用2~3个小时学习汉语。
　　B：真棒！_____。

应用课文 Practical reading

个 人 简 历

（在宿舍，苏缇雅坐在书桌前，室友前来询问）

室友：苏缇雅，你在干什么呢？

苏缇雅：哦，我在电脑上看看我投的简历是否有公司给我回复。

室友：简历？

苏缇雅：是的，我们马上毕业了，我想在中国找一份工作。我准备好了一份个人简历发到网上，看看有没有合适的公司职位可以应聘。

室友：天哪！我也应该准备个人简历了，我也想在中国找工作。

苏缇雅：那你应该开始准备了。

室友：可是我不会制作个人简历。苏缇雅，你可以教我吗？

苏缇雅：当然可以。

（室友打开电脑）

苏缇雅：个人简历一般分为六个部分。第一，要有你的个人信息，比如姓名、电话、学历和邮箱。第二，需要提供自己的教育背景，比如就读的大学、所学专业和主修课程，以及在校期间获得的荣誉。第三，你可以描述你的校园经历，如在学校担任过什么职务，负责过什么活动等。第四，可以展示你的实习经历，招聘单位能从你的实习经历中知道你做过什么工作。第五，可以把你的个人技能写到简历上，比如你在学校获得的技能证书或具备的能力。第六，你还可以做自我评价，对自己进行整体的总结。这样，一份个人简历就完成了。

室友：这对我来说有点困难，你可以在旁边帮助我吗？

苏缇雅：当然！我们现在开始吧！

Gè rén jiǎn lì

(Zài sù shè, sū tí yǎ zuò zài shū zhuō qián, shì yǒu qián lái xún wèn)

Shì yǒu: Sū tí yǎ, nǐ zài gàn shén me ne?

Sū tí yǎ: ò, wǒ zài diàn nǎo shàng kàn kàn wǒ tóu de jiǎn lì shì fǒu yǒu gōng sī gěi wǒ huí fù.

Shì yǒu: Jiǎn lì?

Sū tí yǎ: Shì de, wǒ men mǎ shàng bì yè le, wǒ xiǎng zài zhōng guó zhǎo yí fèn gōng zuò. Wǒ zhǔn bèi hǎo le yí fèn gè rén jiǎn lì fā dào wǎng shàng, kàn kàn yǒu méi yǒu hé shì de gōng sī zhí wèi kě yǐ yìng pìn.

Shì yǒu: Tiān na! Wǒ yě yīng gāi zhǔn bèi gè rén jiǎn lì le, wǒ yě xiǎng zài zhōng guó zhǎo gōng zuò.

Sū tí yǎ: Nà nǐ yīng gāi kāi shǐ zhǔn bèi le.

Shì yǒu: Kě shì wǒ bú huì zhì zuò gè rén jiǎn lì. Sū tí yǎ, nǐ kě yǐ jiāo wǒ ma?

Sū tí yǎ: Dāng rán kě yǐ.

(Shì yǒu dǎ kāi diàn nǎo)

Sū tí yǎ: Gè rén jiǎn lì yì bān fēn wéi liù gè bù fen. Dì yī, yào yǒu nǐ de gè rén xìn xī, bǐ rú xìng míng、diàn huà、xué lì hé yóu xiāng. Dì èr, xū yào tí gōng zì jǐ de jiào yù bèi jǐng, bǐ rú jiù dú de dà xué、suǒ xué zhuān yè hé zhǔ xiū kè chéng, yǐ jí zài xiào qī jiān huò dé de róng yù. Dì sān, Nǐ kě yǐ miáo shù nǐ de xiào yuán jīng lì, rú zài xué xiào dān rèn guò shén me zhí wù, fù zé guò shén me huó dòng děng. Dì sì, kě yǐ zhǎn shì nǐ de shí xí jīng lì, zhāo pìn dān wèi néng cóng nǐ de shí xí jīng lì zhōng zhī dào nǐ zuò guò shén me gōng zuò. Dì wǔ, kě yǐ bǎ nǐ de gè rén jì néng xiě dào jiǎn lì shàng, bǐ rú nǐ zài xué xiào huò dé de jì néng zhèng shū huò jù bèi de néng lì. Dì liù, nǐ hái kě yǐ zuò zì wǒ píng jià, duì zì jǐ jìn xíng zhěng tǐ de zǒng jié. Zhè yàng, yí fèn gè rén jiǎn lì jiù wán chéng le.

Shì yǒu: Zhè duì wǒ lái shuō yǒu diǎn kùn nán, nǐ kě yǐ zài páng biān bāng zhù wǒ ma?

Sū tí yǎ: Dāng rán! Wǒ men xiàn zài kāi shǐ ba!

商务汉语

生词 New words

1. 马上　mǎ shàng　　【副】　right now
2. 询问　xún wèn　　【动】　inquire
3. 简历　jiǎn lì　　【名】　resume
4. 应聘　yìng pìn　　【动】　apply for
5. 准备　zhǔn bèi　　【动】　prepare
6. 展示　zhǎn shì　　【动】　present
7. 经历　jīng lì　　【名】　experience
8. 整体　zhěng tǐ　　【形】　overall
9. 总结　zǒng jié　　【名】　summary

语法 Grammar

一、"马上"的用法（The use of the word "马上"）

马上（mǎ shàng）——副词，意为立即、即时、立刻。

(1) 我们**马上**毕业了，我想在中国找一份工作。
(2) 请大家赶快上车，火车**马上**就要开了。
(3) 会议**马上**就开始了，请大家做好准备。

二、"当然"的用法（The use of the word "当然"）

当然（dāng rán）——形容词，表示肯定，强调合于事理或情理，没有疑问。

(1) 我**当然**可以教你做简历了。
(2) 工作取得成绩，**当然**值得高兴，但不能骄傲。
(3) 他在这里生活了十年，**当然**对这里非常熟悉啦。

练习 Exercises

1. 下面括号中的词语应该放在什么地方（Where should the words in the brackets be placed）

（1）电影 A 就要开始了，B 请大家再 C 耐心等一会儿。（马上）

（2）她 A 大学毕业后，B 到一家公司 C 工作。（应聘）

（3）文艺晚会 A 上，B 苏缇娜为大家 C 她的舞蹈特长。（展示）

（4）姐姐正在 A 考研究生，B 一天到晚都在 C 看书。（准备）

（5）爸爸 A 经常 B 向老师 C 我在学校的表现。（询问）

2. 用括号中的词语完成句子（Complete the sentences with the words in the brackets）

（1）这件事情非常紧急，＿＿＿＿＿＿＿＿＿＿。（马上）

（2）＿＿＿＿＿＿＿＿＿＿，你还不赶紧答题。（马上）

（3）他发高烧了，＿＿＿＿＿＿＿＿＿＿。（马上）

（4）＿＿＿＿＿＿＿＿＿＿，才考上了一所好大学。（当然）

（5）他开了十多年的车，＿＿＿＿＿＿＿＿＿＿。（当然）

（6）这些水果是从外地买来的，＿＿＿＿＿＿＿＿＿＿。（当然）

3. 写作（Writing）

个人简历

求职意向			
姓　　名		出生年月	
民　　族		政治面貌	
电　　话		毕业院校	
邮　　箱		最高学历	
地　　址			

续表

	起止日期	学校或院校	专业
教育经历			
主修课程			
实践经历			
校园经历			
荣誉证书			
自我评价			

职场文化 Workplace culture

简　　历

　　简历，顾名思义，就是对个人学历、经历、特长、爱好及其他有关情况所作的简明扼要的书面介绍。简历是有针对性地对自我介绍的一种规范化、逻辑化的书面表达。对应聘者来说，简历是求职的"敲门砖"。

　　2020年12月24日，人力资源和社会保障部公布《网络招聘服务管理规定》，明确要求从事网络招聘服务的人力资源服务机构应当依法对用人单位所提供材料的真实性、合法性进行审查，同时不得泄露或者非法出售、非法向他人提供其收集的个人信息，违者将被处罚。

　　简历可向未来的雇主表明自己拥有能够满足特定工作要求的技能、态度、资质和自信。成功的简历就是一件营销武器，它向未来的雇主证明自己能够解决问题或者满足特定需要，确保自己的面试能够成功。参加求职面试时带上几份简历，既能为介绍自己提供思路和基本素材，又能供主持面试者详细阅读。面试之后，还可以供对方存入计算机或归档备查。

Jiǎn lì

Jiǎn lì, gù míng sī yì, jiù shì duì gè rén xué lì、jīng lì、tè cháng、ài hào jí qí tā yǒu guān qíng kuàng suǒ zuò de jiǎn míng è yào de shū miàn jiè shào. Jiǎn lì shì yǒu zhēn duì xìng de duì zì wǒ jiè shào de yì zhǒng guī fàn huà, luó jí huà de shū miàn biǎo dá. Duì yìng pìn zhě lái shuō, jiǎn lì shì qiú zhí de "qiāo mén zhuān".

2020 nián 12 yuè 24 rì, rén lì zī yuán hé shè huì bǎo zhàng bù gōng bù《wǎng luò zhāo pìn fú wù guǎn lǐ guī dìng》, míng què yāo qiú cóng shì wǎng luò zhāo pìn fú wù de rén lì zī yuán fú wù jī gòu yīng dāng yī fǎ duì yòng rén dān wèi suǒ tí gōng cái liào de zhēn shí xìng、hé fǎ xìng jìn xíng shěn chá, tóng shí bù dé xiè lòu huò zhě fēi fǎ chū shòu、fēi fǎ xiàng tā rén tí gōng qí shōu jí de gè rén xìn xī, wéi zhě jiāng bèi chǔ fá.

Jiǎn lì kě xiàng wèi lái de gù zhǔ biǎo míng zì jǐ yōng yǒu néng gòu mǎn zú tè dìng gōng zuò yāo qiú de jì néng、tài dù、zī zhì hé zì xìn. Chéng gōng de jiǎn lì jiù shì yí jiàn yíng xiāo wǔ qì, tā xiàng wèi lái de gù zhǔ zhèng míng zì jǐ néng gòu jiě jué wèn tí huò zhě mǎn zú tè dìng xū yào, què bǎo zì jǐ de miàn shì néng gòu chéng gōng. Cān jiā qiú zhí miàn shì shí dài shàng jǐ fèn jiǎn lì, jì néng wèi jiè shào zì jǐ tí gōng sī lù hé jī běn sù cái, yòu néng gōng zhǔ chí miàn shì zhě xiáng xì yuè dú. Miàn shì zhī hòu, hái kě yǐ gōng duì fāng cún rù jì suàn jī huò guī dàng bèi chá.

传统文化 Traditional culture

"china"——瓷器

中国是一个文明古国,在悠久的历史长河中,陶瓷是物质文明和精神文明的标志之一。远在10000多年前的新石器时代早期,我们的祖先就在中华大地上发明了制陶术,使我国成为世界上最早制作和使用陶器的国家之一。

在距今3000多年前的商代中期,我国已能烧造原始瓷器。到了距今约1800年的东汉时期,真正的瓷器发明了。这是我们祖先在人类文明史上写下的光辉一页。从红陶、灰陶、彩陶、黑陶、白陶到原始瓷、青瓷、黑瓷、白瓷以及五光十色的颜色釉瓷和色彩缤纷的釉下彩、釉上彩瓷器等,展现出中国陶瓷10000多年绵延不断的发展历程,成为世界工艺史上的一大奇迹。

中国陶瓷自唐代以来即远销世界各国,其卓越的制瓷技术和辉煌的艺术成就对许多国家的陶瓷生产均产生过深远影响,有力地推动了世界陶瓷文化的发展,这也充分说明中国无愧于"瓷国"之盛誉。

商务汉语

"china" —— Cí qì

  Zhōng guó shì yí gè wén míng gǔ guó, zài yōu jiǔ de lì shǐ cháng hé zhōng, táo cí shì wù zhì wén míng hé jīng shén wén míng de biāo zhì zhī yī。Yuǎn zài 10000 duō nián qián de xīn shí qì shí dài zǎo qī, wǒ men de zǔ xiān jiù zài zhōng huá dà dì shàng fā míng le zhì táo shù, shǐ wǒ guó chéng wéi shì jiè shàng zuì zǎo zhì zuò hé shǐ yòng táo qì de guó jiā zhī yī。

  Zài jù jīn 3000 duō nián qián de shāng dài zhōng qī, wǒ guó yǐ néng shāo zào yuán shǐ cí qì。Dào le jù jīn yuē 1800 nián de dōng hàn shí qī, zhēn zhèng de cí qì fā míng le。Zhè shì wǒ men zǔ xiān zài rén lèi wén míng shǐ shàng xiě xià de guāng huī yí yè。Cóng hóng táo、huī táo、cǎi táo、hēi táo、bái táo dào yuán shǐ cí、qīng cí、hēi cí、bái cí yǐ jí wǔ guāng shí sè de yán sè yòu cí hé sè cǎi bīn fēn de yòu xià cǎi、yòu shàng cǎi cí qì děng，zhǎn xiàn chū zhōng guó táo cí 10000 duō nián mián yán bú duàn de fā zhǎn lì chéng，chéng wéi shì jiè gōng yì shǐ shàng de yí dà qí jī。

Zhōng guó táo cí zì táng dài yǐ lái jí yuǎn xiāo shì jiè gè guó，qí zhuó yuè de zhì cí jì shù hé huī huáng de yì shù chéng jiù duì xǔ duō guó jiā de táo cí shēng chǎn jūn chǎn shēng guò shēn yuǎn yǐng xiǎng，yǒu lì de tuī dòng le shì jiè táo cí wén huà de fā zhǎn，zhè yě chōng fèn shuō míng zhōng guó wú kuì yú "cí guó" zhī shèng yù。

古诗欣赏 The appreciation of Chinese ancient poetry

yuè xià dú zhuó①

月下独酌

táng　lǐ bái

唐·李白

huā jiān yì hú jiǔ　　dú zhuó wú xiāng qīn

花间一壶酒，独酌无相亲。

jǔ bēi yāo míng yuè　　duì yǐng chéng sān rén②

举杯邀明月，对影成三人。

yuè jì bù jiě yǐn③　　yǐng tú suí wǒ shēn

月既不解饮，影徒随我身。

zàn bàn yuè jiāng yǐng④　　xíng lè xū jí chūn

暂伴月将影，行乐须及春。

wǒ gē yuè pái huái　　wǒ wǔ yǐng líng luàn

我歌月徘徊，我舞影零乱。

xǐng shí tóng jiāo huān　　zuì hòu gè fēn sàn

醒时同交欢，醉后各分散。

yǒng jié wú qíng yóu⑤　　xiāng qī miǎo yún hàn⑥

永结无情游，相期邈云汉。

【作者简介】

李白（701—762年），字太白，号青莲居士，又号"谪仙人"，是唐代伟大的浪漫主义诗人，被后人誉为"诗仙"，与杜甫并称为"李杜"，为了与另两位诗人李商隐与杜牧（即"小李杜"）区分，李白与杜甫又合称"大李杜"。其人爽朗大方，爱饮酒作诗，喜交友。

李白有《李太白集》传世，诗作多为醉时所写，代表作有《望庐山瀑布》《行路难》《蜀道难》《将进酒》《早发白帝城》等。

【注释】

①原诗有四首，此为第一首。以月下独饮为背景，想象自己与"月""影"为伴，抒发孤独无知音的苦闷。酌（zhuó）：喝酒。

②三人：指李白自己、月亮和影子。

③不解饮：不能理解开怀畅饮之乐。
④将：和，共。
⑤无情游：月、影没有知觉，不懂感情，李白与之结交，故称"无情游"。
⑥相期：相约。邈（miǎo）：远。云汉：银河。此指天上的仙境。

【Zuò zhě jiǎn jiè】

Lǐ bái (701—762 nián), zì tài bái, hào qīng lián jū shì, yòu hào "zhé xiān rén", shì táng dài wěi dà de làng màn zhǔ yì shī rén, bèi hòu rén yù wéi "shī xiān", yǔ dù fǔ bìng chēng wéi "lǐ dù", wèi le yǔ lìng liǎng wèi shī rén lǐ shāng yǐn yǔ dù mù (jí "xiǎo lǐ dù") qū fēn, lǐ bái yǔ dù fǔ yòu hé chēng "dà lǐ dù". Qí rén shuǎng lǎng dà fāng, ài yǐn jiǔ zuò shī, xǐ jiāo yǒu.

Lǐ bái yǒu《lǐ tài bái jí》chuán shì, shī zuò duō wéi zuì shí suǒ xiě, dài biǎo zuò yǒu《wàng lú shān pù bù》《xíng lù nán》《shǔ dào nán》《qiāng jìn jiǔ》《zǎo fā bái dì chéng》děng.

【Zhù shì】

①Yuán shī yǒu sì shǒu, cǐ wéi dì yī shǒu. Yǐ yuè xià dú yǐn wéi bèi jǐng, xiǎng xiàng zì jǐ yǔ "yuè" "yǐng" wéi bàn, shū fā gū dú wú zhī yīn de kǔ mèn. Zhuó (zhuó): hē jiǔ.

②Sān rén: zhǐ lǐ bái zì jǐ、yuè liàng hé yǐng zi.

③Bù jiě yǐn: bù néng lǐ jiě kāi huái chàng yǐn zhī lè.

④Jiāng: hé, gòng.

⑤Wú qíng yóu: yuè、yǐng méi yǒu zhī jué, bù dǒng gǎn qíng, lǐ bái yǔ zhī jié jiāo, gù chēng "wú qíng yóu".

⑥Xiāng qī: xiāng yuē. Miǎo (miǎo): yuǎn. Yún hàn: yín hé. Cǐ zhǐ tiān shàng de xiān jìng.

第一章　你好，新公司！

背景介绍 Background

人物介绍：苏缇雅（老挝籍留学生）、公司前台、公司人事
地点：公司前台、人事部
入职思考：
1. 我们需要具备什么样的职业道德？
2. 怎样提高自己在职场的沟通能力？

基本课文 Dialogue

初 入 职 场

苏缇雅：您好，我的名字是苏缇雅，从今天起在公司就职。请问应该如何称呼您呢？

商 务 汉 语

前台：您好，我是小李，很高兴跟您成为同事。

苏缇雅：非常高兴认识您。请问我现在应该去哪里报到呢？

前台：新入员工应该先去人事部报到，再由人事部对您的工作进行安排。

苏缇雅：谢谢！请问人事部应该怎么走呢？

前台：您顺着右边的走廊走到尽头，就能看见人事部了。

苏缇雅：谢谢您！

前台：不客气！

（人事部，苏缇雅敲门后，推门进入屋内）

苏缇雅：您好，请问这里是人事部吗？我是今天新入职的苏缇雅，我来报到。

小王：您好，我是人事部的小王，我负责新入员工的报到及培训。您先办理入职手续，我再带您熟悉一下公司的情况。下午2点，在三楼的大会议室，有新入员工入职培训，请您务必准时参加。

苏缇雅：好的，谢谢您！

小王：不客气，应该的。如果您有需要了解的问题，请您及时告诉我。

Chū rù zhí chǎng

Sū tí yǎ：Nín hǎo, wǒ de míng zì shì sū tí yǎ, cóng jīn tiān qǐ zài gōng sī jiù zhí。Qǐng wèn yīng gāi rú hé chēng hu nín ne?

Qián tái：Nín hǎo, wǒ shì xiǎo lǐ, hěn gāo xìng gēn nín chéng wéi tóng shì。

Sū tí yǎ：Fēi cháng gāo xìng rèn shi nín。Qǐng wèn wǒ xiàn zài yīng gāi qù nǎ lǐ bào dào ne?

Qián tái：Xīn rù yuán gōng yīng gāi xiān qù rén shì bù bào dào, zài yóu rén shì bù duì nín de gōng zuò jìn xíng ān pái。

Sū tí yǎ：Xiè xie! Qǐng wèn rén shì bù yīng gāi zěn me zǒu ne?

Qián tái：Nín shùn zhe yòu biān de zǒu láng zǒu dào jìn tóu, jiù néng kàn jiàn rén shì bù le。

Sū tí yǎ：Xiè xie nín!

Qián tái：Bú kè qi!

(Rén shì bù, sū tí yǎ qiāo mén hòu, tuī mén jìn rù wū nèi)

Sū tí yǎ：Nín hǎo, qǐng wèn zhè lǐ shì rén shì bù ma? Wǒ shì jīn tiān xīn rù zhí de sū tí yǎ, wǒ lái bào dào。

Xiǎo wáng：Nín hǎo, wǒ shì rén shì bù de xiǎo wáng, wǒ fù zé xīn rù yuán gōng de bào dào jí péi xùn。Nín xiān bàn lǐ rù zhí shǒu xù, wǒ zài dài nín shú xī yí xià gōng sī de qíng kuàng。Xià wǔ 2 diǎn, zài sān lóu de dà huì yì shì, yǒu xīn rù yuán gōng rù zhí péi xùn, qǐng nín wù bì zhǔn shí cān jiā。

Sū tí yǎ：Hǎo de, xiè xie nín!

Xiǎo wáng：Bú kè qi, yīng gāi de。Rú guǒ nín yǒu xū yào liǎo jiě de wèn tí, qǐng nín jí shí gào sù wǒ。

生词 New words

1. 公司　gōng sī　　　　　【名】　company
2. 就职　jiù zhí　　　　　【动】　work or be employed
3. 入职　rù zhí　　　　　【名】　entry
4. 手续　shǒu xù　　　　　【名】　procedure
5. 报到　bào dào　　　　　【动】　report for duty
6. 安排　ān pái　　　　　【动】　arrange
7. 培训　péi xùn　　　　　【动】　train
8. 同事　tóng shì　　　　　【名】　colleague
9. 称呼　chēng hu　　　　　【动】　call
10. 务必　wù bì　　　　　【助】　must
11. 前台　qián tái　　　　　【名】　reception desk
12. 人事部　rén shì bù　　　【名】　HR Department

语法 Grammar

一、"请问"的用法（The use of the word "请问"）

请问（qǐng wèn）——敬辞。表示请教询问，用于请求对方解答问题，或者在向别人提出问题时使用的礼貌用语。

（1）**请问**，人事部在哪里？
（2）**请问**，会议几点开始呢？
（3）**请问**，这个汉字怎么读？

二、"务必"的用法（The use of the word "务必"）

务必（wù bì）——意为一定要，必须。多用于上级对下级或平等关系之间要求对方一定要完成委托的事情。

（1）今天的会议，请您**务必**参加。
（2）请**务必**按时吃药。
（3）近来天气干燥，大家**务必**小心，预防火灾。

三、"如果"的用法（The use of the word "如果"）

如果（rú guǒ）——表示假设关系，用法较为正式。"如果"用在前一分句说出结论、结果或提出问题，常用"那么""就"呼应。

（1）**如果**你要去超市，我们就一起去吧。
（2）**如果**明天不下雨，我们就去长城玩儿吧。
（3）**如果**你有空，欢迎再来。

练习 Exercises

1. 请用本课生词填空（Fill in the blanks with the new words in this lesson）

> 同事　　就职　　务必　　安排
> 公司　　培训　　手续　　称呼

（1）在公司里，尽量不要说_____的八卦。
（2）苏缇雅即将去外地的分公司_____。
（3）苏缇雅还没有办理入职_____。
（4）今天的会议很重要，请你_____准时参加。
（5）经过一年的_____，苏缇雅已经成为这家公司的业务骨干。
（6）苏缇雅在一家_____做产品设计师。
（7）你没有按照上周的工作_____执行吗？
（8）请问，应该如何_____您？

2. 请将下列句子补充完整（Complete the following sentences）

（1）_____，就不能入职。
（2）你要是看到他的话，_____。
（3）_____，咱们就去游泳。
（4）_____，那咱们现在已经到上海了。
（5）如果昨天你在这儿的话，_____。

3. 下面括号中的词语应该放在什么地方（Where should the words in the brackets be placed）

（1）结婚是 A 终身大事，B 不可轻率，C 三思而行。（务必）
（2）今天大扫除，我们班 A 清扫走廊，另外还要 B 派五名同学 C 到礼堂擦玻璃。（负责）
（3）A 每个人 B 都对地球做出贡献，C 不去破坏，那么地球将会更美丽。（如果）
（4）A 上课 B 不认真听课，C 也不认真学习，成绩就不会提高。（如果）
（5）他 A 兴奋得彻夜未眠，因为第二天 B 可以去外语学院 C。（报到）

应用课文 Practical reading

职场礼仪

苏缇雅在入职公司的第一天，参加了公司组织的入职培训。公司领导向新入员工介绍了公司的文化、制度以及初入职场的礼仪。苏缇雅学到了很多知识，受益匪浅，特别是关于职场礼仪的内容。苏缇雅还将这部分内容做成了小册子，以便自己日后随时查阅。

一、工作中的"黄金原则"。

原则一，对同事的态度要友好，要常常微笑着同别人交谈、交往。

原则二，对周围的人要时时保持友好相处的关系，寻找机会多为别人做些力所能及的事。

原则三，应该集中精力去记住对方的名字。

原则四，要学会容忍，克服任性，要尽力理解别人，遇事要设身处地为别人着想。

原则五，诚实守信。对上级领导交办的事要认真办妥，遵守诚信，若自己办不到应向上级寻求帮助。

原则六，遵守时间。工作时要遵守时间，不迟到，也不早退。

原则七，工作中要公私分明。

原则八，不议论任何人的隐私、八卦等。

二、办公室礼仪。

礼仪一，保持办公桌的清洁。

礼仪二，有强烈味道的食品，尽量不要带到办公室。

礼仪三，在办公室吃饭，时间不要太长。缩短吃饭时间，有助于提升工作效率。

Zhí chǎng lǐ yí

　　Sū tí yǎ zài rù zhí gōng sī de dì yī tiān, cān jiā le gōng sī zǔ zhī de rù zhí péi xùn. Gōng sī lǐng dǎo xiàng xīn rù yuán gōng jiè shào le gōng sī de wén huà、zhì dù yǐ jí chū rù zhí chǎng de lǐ yí. Sū tí yǎ xué dào le hěn duō zhī shi, shòu yì fěi qiǎn, tè bié shì guān yú zhí chǎng lǐ yí de nèi róng. Sū tí yǎ hái jiāng zhè bù fen nèi róng zuò chéng le xiǎo cè zi, yǐ biàn zì jǐ rì hòu suí shí chá yuè.

　　Yī、Gōng zuò zhōng de "huáng jīn yuán zé".

　　Yuán zé yī, duì tóng shì de tài dù yào yǒu hǎo, yào cháng cháng wēi xiào zhe tóng bié rén jiāo tán、jiāo wǎng.

　　Yuán zé èr, duì zhōu wéi de rén yào shí shí bǎo chí yǒu hǎo xiāng chǔ de guān xì, xún zhǎo jī huì duō wèi bié rén zuò xiē lì suǒ néng jí de shì.

　　Yuán zé sān, yīng gāi jí zhōng jīng lì qù jì zhù duì fāng de míng zi.

　　Yuán zé sì, yào xué huì róng rěn, kè fú rèn xìng, yào jìn lì lǐ jiě bié rén, yù shì yào shè shēn chǔ dì wèi bié rén zhuó xiǎng.

　　Yuán zé wǔ, chéng shí shǒu xìn. Duì shàng jí lǐng dǎo jiāo bàn de shì yào rèn zhēn bàn tuǒ, zūn shǒu chéng xìn, ruò zì jǐ bàn bú dào yīng xiàng shàng jí xún qiú bāng zhù.

　　Yuán zé liù, zūn shǒu shí jiān. Gōng zuò shí yào zūn shǒu shí jiān, bù chí dào, yě bù zǎo tuì.

　　Yuán zé qī, gōng zuò zhōng yào gōng sī fēn míng.

　　Yuán zé bā, bú yì lùn rèn hé rén de yǐn sī、bā guà děng.

　　Èr、Bàn gōng shì lǐ yí.

　　Lǐ yí yī, bǎo chí bàn gōng zhuō de qīng jié.

　　Lǐ yí èr, yǒu qiáng liè wèi dào de shí pǐn, jìn liàng bú yào dài dào bàn gōng shì.

　　Lǐ yí sān, zài bàn gōng shì chī fàn, shí jiān bú yào tài cháng. Suō duǎn chī fàn shí jiān, yǒu zhù yú tí shēng gōng zuò xiào lǜ.

商务汉语

 生词 New words

1. 职场　zhí chǎng　　　　　　【名】　career
2. 礼仪　lǐ yí　　　　　　　　【名】　etiquette
3. 员工　yuán gōng　　　　　　【名】　staff
4. 文化　wén huà　　　　　　　【名】　culture
5. 制度　zhì dù　　　　　　　 【名】　system
6. 受益匪浅　shòu yì fěi qiǎn　　 benefit a lot
7. 查阅　chá yuè　　　　　　　【动】　look up
8. 力所能及　lì suǒ néng jí　　　 all one can do
9. 集中　jí zhōng　　　　　　　【动】　concentrate
10. 精力　jīng lì　　　　　　　【名】　attention
11. 容忍　róng rěn　　　　　　　【动】　tolerate
12. 克服　kè fú　　　　　　　　【动】　overcome
13. 任性　rèn xìng　　　　　　　【形】　capricious
14. 设身处地　shè shēn chǔ dì　　 put oneself in other's position
15. 着想　zhuó xiǎng　　　　　　【动】　care about
16. 诚实守信　chéng shí shǒu xìn　 honesty and loyalty
17. 遵守　zūn shǒu　　　　　　　【动】　obey
18. 隐私　yǐn sī　　　　　　　　【名】　privacy
19. 八卦　bā guà　　　　　　　　【名】　gossip

 语法 Grammar

一、"……以及……"的用法（The use of the word "以及"）

以及（yǐ jí）——并列连词，有以下几种含义：
第一，连接同类事物，有时表示前主后次，有时表示先后有别。
第二，连接不同类的事物，不分主次。本章中表示连接不同类的事物。

(1) 小明、小红**以及**苏缇雅都获得了优秀员工奖。
(2) 童话、寓言、动画**以及**科幻小说，都是孩子们喜爱的读物。
(3) 文章介绍了制冷机低温泵的工作原理、结构和特点，**以及**在国外空间环境模拟设备上的使用情况。

二、"特别是"的用法（The use of the word "特别是"）

特别是（tè bié shì）——用于从同类事物中选出最突出的部分进行说明。常连用名词或动词。

(1) 我们公司的员工进步都很快，**特别是**张三。
(2) 我不喜欢做饭，**特别是**包饺子，太麻烦了。
(3) **特别是**那条裙子，我很喜欢。

练习 Exercises

1. 请用本课生词填空（Fill in the blanks with the new words in this lesson）

| 克服 | 制度 | 文化 | 容忍 |
| 八卦 | 遵守 | 隐私 | 职场 |

(1) 初入_____，对工作要留有细心，对同事要保有关心，对前途要持有信心，对克服困难有决心。
(2) 苏缇雅崇尚中华民族悠久的历史和灿烂的_____。
(3) 合理的规章_____要遵守，不合理的要改革。
(4) 不要把别人的_____看成软弱可欺。
(5) 每个人都应该自觉_____纪律。
(6) 欣赏别人的优点，善待别人的缺点，尊重别人的_____，快乐自己的人生。
(7) 在学习上他_____了许多困难。
(8) 苏缇雅应该改掉_____的毛病。

2. 用括号中的词语完成句子（Complete the sentences with the words in the brackets）

(1) 只要大家齐心协力，_____。（克服）

(2) 这种不负责任的行为，_____。（容忍）

(3) _____，我决不麻烦别人！（力所能及）

(4) 原定今天下午举行的入职培训，_____。（推迟）

(5) 这段时间，_____。（集中）

(6) _____，如果是你遇到这件事该怎么办？（设身处地）

3. 用"特别是"完成下列对话（Complete the dialogues with "特别是"）

(1) A：你们这儿是不是经常下雨？

B：对，_____。

(2) A：我发现张三特别喜欢唱歌。

B：是的，_____，各种歌都会唱。

(3) A：这条街上的饭馆儿可真多啊。

B：是的，_____。

(4) A：你是用什么办法减肥的？

B：每天多吃蔬菜，少吃主食，_____。

4. 写作（Writing）

请以"我的职业规划"为题，写一篇不少于70字的小作文。

职场文化 Workplace culture

学习职场礼仪

初入职场，最重要的就是掌握职场礼仪。了解公司文化是成为职场人的第一步。

职场礼仪有以下几个基本点。首先，要区分职场礼仪与社交礼仪的本质区别。职场礼仪没有性别之分，工作场所男女平等。其次，在职场中，要将体谅和尊重别人当作自己的指导原则。了解、掌握并恰当地应用职场礼仪有助于完善和维护职场人的职业形象，还能提升工作效率，使职场人的事业蒸蒸日上。

Xué xí zhí chǎng lǐ yí

Chū rù zhí chǎng, zuì zhòng yào de jiù shì zhǎng wò zhí chǎng lǐ yí. Liǎo jiě gōng sī wén huà shì chéng wéi zhí chǎng rén de dì yī bù.

Zhí chǎng lǐ yí yǒu yǐ xià jǐ gè jī běn diǎn. Shǒu xiān, yào qū fēn zhí chǎng lǐ yí yǔ shè jiāo lǐ yí de běn zhì qū bié. Zhí chǎng lǐ yí méi yǒu xìng bié zhī fēn, gōng zuò chǎng suǒ nán nǚ píng děng. Qí cì, zài zhí chǎng zhōng, yào jiāng tǐ liàng hé zūn zhòng bié rén dāng zuò zì jǐ de zhǐ dǎo yuán zé. Liǎo jiě、zhǎng wò bìng qià dàng de yìng yòng zhí chǎng lǐ yí yǒu zhù yú wán shàn hé wéi hù zhí chǎng rén de zhí yè xíng xiàng, hái néng tí shēng gōng zuò xiào lǜ, shǐ zhí chǎng rén de shì yè zhēng zhēng rì shàng.

传统文化 Traditional culture

戏曲——昆曲

昆曲，又称昆剧或昆腔，是出现于明代的一种新兴戏剧样式，从 16 世纪晚期开始，它逐渐取代了以金元杂剧为代表的北曲杂剧在剧坛的中心地位，同时也超过了其他南戏声腔，成为明代最重要的戏剧形式。

在中国文化精神的长期浸润下，昆曲逐渐形成了带有浓重写意色彩的表导演体系。演员角色行当的确立、虚拟手法及程式动作的运用使昆曲表演具有了再现与表现相结合的特点，成为诗、歌、舞合一的综合艺术，主客交融，虚实互见，行云流水，一无拘滞。

昆曲演唱又称"度曲"。昆曲的曲辞、腔调、板眼等都比较固定，不能任意变更，这给演唱带来一定的难度。认识曲体特性是昆曲演唱必须掌握的基本要领，昆曲中南北曲兼容，北曲字多而调促，促处见筋，故词情多而声情少；南曲字少而调缓，缓处见眼，故词情少而声情多。

曲牌，又称"牌子"，在昆曲中是南北曲各种曲调调名的总称。从戏曲编演角度来

商务汉语

看,曲牌主要是供创作者填词制谱之用,它包括两部分内容。一方面曲牌规定一支曲的曲式、调式和调性,要求演唱者按特定曲子所具的曲调、唱法而歌;另一方面它又规定一支曲所唱辞句的句数、字数、平仄、句法等,要求创作者遵照执行。

昆曲在 2001 年被联合国教科文组织列为"人类口头和非物质遗产代表作"。2006 年列入第一批国家级非物质文化遗产名录,2008 年被纳入《人类非物质文化遗产代表作名录》。

Xì qǔ —— Kūn qǔ

Kūn qǔ, yòu chēng kūn jù huò kūn qiāng, shì chū xiàn yú míng dài de yì zhǒng xīn xīng xì jù yàng shì, cóng 16 shì jì wǎn qī kāi shǐ, tā zhú jiàn qǔ dài le yǐ jīn yuán zá jù wéi dài biǎo de běi qǔ zá jù zài jù tán de zhōng xīn dì wèi, tóng shí yě chāo guò le qí tā nán xì shēng qiāng, chéng wéi míng dài zuì zhòng yào de xì jù xíng shì.

Zài zhōng guó wén huà jīng shén de cháng qī jìn rùn xià, kūn qǔ zhú jiàn xíng chéng le dài yǒu nóng zhòng xiě yì sè cǎi de biǎo dǎo yǎn tǐ xì. Yǎn yuán jué sè háng dang de què lì、xū nǐ shǒu fǎ jí chéng shì dòng zuò de yùn yòng shǐ kūn qǔ biǎo yǎn jù yǒu le zài xiàn yǔ biǎo xiàn xiāng jié hé de tè diǎn, chéng wéi shī、gē、wǔ hé yī de zōng hé yì shù, zhǔ kè jiāo róng, xū shí hù jiàn, xíng yún liú shuǐ, yì wú jū zhì。

Kūn qǔ yǎn chàng yòu chēng "dù qǔ"。Kūn qǔ de qǔ cí、qiāng diào、bǎn yǎn děng dū bǐ jiào gù dìng, bù néng rèn yì biàn gēng, zhè gěi yǎn chàng dài lái yí dìng de nán dù。Rèn shi qǔ tǐ tè xìng shì kūn qǔ yǎn chàng bì xū zhǎng wò de jī běn yào lǐng, kūn qǔ zhōng nán běi qǔ jiān róng, běi qǔ zì duō ér diào cù, cù chù jiàn jīn, gù cí qíng duō ér shēng qíng shǎo；Nán qǔ zì shǎo ér diào huǎn, huǎn chù jiàn yǎn, gù cí qíng shǎo ér shēng qíng duō。

Qǔ pái, yòu chēng "pái zi", zài kūn qǔ zhōng shì nán běi qǔ gè zhǒng qǔ diào diào míng de zǒng chēng。Cóng xì qǔ biān yǎn jiǎo dù lái kàn, qǔ pái zhǔ yào shì gōng chuàng zuò zhě tián cí zhì pǔ zhī yòng, tā bāo kuò liǎng bù fen nèi róng。Yì fāng miàn qǔ pái guī dìng yì zhī qǔ de qǔ shì、diào shì hé diào xìng, yāo qiú yǎn chàng zhě àn tè dìng qǔ zi suǒ jù de qǔ diào、chàng fǎ ér gē；Lìng yì fāng miàn tā yòu guī dìng yì zhī qǔ suǒ chàng cí jù de jù shù、zì shù、píng zè、jù fǎ děng, yāo qiú chuàng zuò zhě zūn zhào zhí xíng。

Kūn qǔ zài 2001 nián bèi lián hé guó jiào kē wén zǔ zhī liè wéi "rén lèi kǒu tóu hé fēi wù zhì yí chǎn dài biǎo zuò"。2006 nián liè rù dì yī pī guó jiā jí fēi wù zhì wén huà yí chǎn míng lù, 2008 nián bèi nà rù 《rén lèi fēi wù zhì wén huà yí chǎn dài biǎo zuò míng lù》。

古诗欣赏 The appreciation of Chinese ancient poetry

wàng yuè ①
望岳

táng　dù fǔ
唐·杜甫

dài zōng fú rú hé ②　　qí lǔ qīng wèi liǎo ③
岱宗夫如何，齐鲁青未了。

zào huà zhōng shén xiù ④　　yīn yáng gē hūn xiǎo ⑤
造化钟神秀，阴阳割昏晓。

dàng xiōng shēng céng yún ⑥　　jué zì rù guī niǎo ⑦
荡胸生曾云，决眦入归鸟。

huì dāng líng jué dǐng　　yì lǎn zhòng shān xiǎo ⑧
会当凌绝顶，一览众山小。

【作者简介】

杜甫（712—770年），字子美，自号少陵野老，世称"杜工部""杜少陵"等。唐代伟大的现实主义诗人，与李白合称"李杜"。杜甫在中国古典诗歌中的影响非常深远，被后世尊称为"诗圣"，他的诗被称为"诗史"。杜甫创作了《登高》《春望》《北征》《三吏》《三别》等名作。

【注释】

①此诗作于开元二十四年（736年），杜甫游齐、赵时，由望岳而生登临之想，表现了青年杜甫壮志凌云的气概和抱负。岳：指东岳泰山。

②岱宗：即泰山。因泰山别称岱山，位居五岳之首，故称岱宗。

③齐鲁：春秋战国时期，齐国在泰山之北，鲁国在泰山之南。后用齐鲁代指山东地区。青：指苍翠、翠绿的美好山色。未了：不尽，不断。

④造化：创造与化育，诗中的"造化"是指"造化者"，即创造、化育一切的大自然。钟：聚集。

⑤阴：山北为阴，即山之背阴面。阳：山南为阳，即山之向阳面。割：分割。昏晓：黄昏和早晨。极言泰山之高，山南山北因之判若清晓与黄昏，明暗迥然不同。

⑥荡胸生曾云：意为山中云气吞吐，涤荡胸襟。

⑦决眦（zì）：眼角（几乎）要裂开。决，裂开。眦，眼角。

⑧"会当"二句：表达了诗人昂扬向上，积极进取，欲攀登绝顶俯视一切的豪情。会当：终将，定要。凌：登上。绝顶：即泰山的最高峰。一览众山小，此句出自《孟子·尽心上》，"登泰山而小天下"，表现出诗人不怕困难、敢于攀登绝顶、俯视一切的雄心与气概。

【Zuò zhě jiǎn jiè】

Dù fǔ (712—770 nián), zì zǐ měi, zì hào shào líng yě lǎo, shì chēng "dù gōng bù" " dù shào líng" děng. Táng dài wěi dà de xiàn shí zhǔ yì shī rén, yǔ lǐ bái hé dèng "lǐ dù". Dù fǔ zài zhōng guó gǔ diǎn shī gē zhōng de yǐng xiǎng fēi cháng shēn yuǎn, bèi hòu shì zūn chēng wéi "shī shèng", tā de shī bèi chēng wéi "shī shǐ". Dù fǔ chuàng zuò le 《dēng gāo》《chūn wàng》《běi zhēng》《sān lì》《sān bié》děng míng zuò.

【Zhù shì】

①Cǐ shī zuò yú kāi yuán èr shí sì nián (736 nián), dù fǔ yóu qí、zhào shí, yóu wàng yuè ér shēng dēng lín zhī xiǎng, biǎo xiàn le qīng nián dù fǔ zhuàng zhì líng yún de qì gài hé bào fù. Yuè: zhǐ dōng yuè tài shān.

②Dài zōng: jí tài shān. Yīn tài shān bié chēng dài shān, wèi jū wǔ yuè zhī shǒu, gù chēng dài zōng.

③Qí lǔ: chūn qiū zhàn guó shí qī, qí guó zài tài shān zhī běi, lǔ guó zài tài shān zhī nán。Hòu yòng qí lǐ dài zhǐ shān dōng dì qū。Qīng：zhǐ cāng cuì、cuì lǜ de měi hǎo shān sè。Wèi liǎo：bú jìn、bú duàn。

④Zào huà：chuàng zào yǔ huà yù，shī zhōng de "zào huà" shì zhǐ "zào huà zhě"，jí chuàng zào、huà yù yí qiè de dà zì rán。Zhōng：jù jí。

⑤Yīn：shān běi wéi yīn，jí shān zhī bèi yīn miàn。Yáng：shān nán wéi yáng，jí shān zhī xiàng yáng miàn。Gē：fēn gē。Hūn xiǎo：huáng hūn hé zǎo chén。Jí yán tài shān zhī gāo，shān nán shān běi yīn zhī pàn ruò qīng xiǎo yǔ huáng hūn，míng àn jiǒng rán bù tóng。

⑥Dàng xiōng shēng céng yún：yì wéi shān zhōng yún qì tūn tǔ，dí dàng xiōng jīn。

⑦Jué zì（zì）：yǎn jiǎo（jī hū）yào liè kāi。Jué，liè kāi。Zì，yǎn jiǎo。

⑧"Huì dāng" èr jù：biǎo dá shī rén áng yáng xiàng shàng，jī jí jìn qǔ，yù pān dēng jué dǐng fǔ shì yí qiè de háo qíng。Huì dāng：zhōng jiāng，dìng yào。Líng：dēng shàng。Jué dǐng：jí tài shān de zuì gāo fēng。Yì lǎn zhòng shān xiǎo，cǐ jù chū zì《mèng zǐ·jìn xīn shàng》，"dēng tài shān ér xiǎo tiān xià"，biǎo xiàn chū shī rén bú pà kùn nán、gǎn yú pān dēng jué dǐng，fǔ shì yí qiè de xióng xīn yǔ qì gài。

第二章　努力工作每一天

背景介绍 Background

人物介绍：苏缇雅、同事小王、组长
地点：办公室
入职思考：
1. 工作的意义是什么？
2. 入职后对职业的展望。

基本课文 Dialogue

初 来 乍 到

苏缇雅：大家好，我是新来的员工，很高兴有机会与大家一起共事。
小王：你就是新来的小苏吧，早就听说要来一个新同事，刚才大家还在说呢，真

是说曹操，曹操到！

苏缇雅：能遇到大家真高兴，请问我应该坐在哪儿，哪位是我们的组长？

小王：小苏，你来，我悄悄告诉你（小声说），我们组长脾气可臭了，你可千万不要高兴得太早，他那个人不好相处，你千万要小心。

组长：谁是新来的小苏，到我办公室来。

小王：小苏在这儿，小苏，组长叫你呢，快去吧。

苏缇雅：我在这儿，（对小王说）谢谢您啊！

（苏缇雅走到组长面前）

苏缇雅：组长您好，我是新来报到的小苏，很高兴能够在您的组内和您一起工作，还请您多多指导、多多帮助。

组长：我是你的组长，希望你打起十二分精神，认真对待工作，多向前辈学习，努力实现自己的价值。

苏缇雅：好的，我知道了。谢谢组长！

Chū lái zhà dào

Sū tí yǎ：Dà jiā hǎo, wǒ shì xīn lái de yuán gōng, hěn gāo xìng yǒu jī huì yǔ dà jiā yì qǐ gòng shì。

Xiǎo wáng：Nǐ jiù shì xīn lái de xiǎo sū ba, zǎo jiù tīng shuō yào lái yí gè xīn tóng shì, gāng cái dà jiā hái zài shuō ne, zhēn shì shuō cáo cāo, cáo cāo dào!

Sū tí yǎ：Néng yù dào dà jiā zhēn gāo xìng, qǐng wèn wǒ yīng gāi zuò zài nǎr, nǎ wèi shì wǒ men de zǔ zhǎng?

Xiǎo wáng：Xiǎo sū, nǐ lái, wǒ qiāo qiāo gào sù nǐ（xiǎo shēng shuō）, wǒ men zǔ zhǎng pí qi kě chòu le, nǐ kě qiān wàn bú yào gāo xìng de tài zǎo, tā nà gè rén bù hǎo xiāng chǔ, nǐ qiān wàn yào xiǎo xīn。

Zǔ zhǎng：Shuí shì xīn lái de xiǎo sū, dào wǒ bàn gōng shì lái。

Xiǎo wáng：Xiǎo sū zài zhèr, xiǎo sū, zǔ zhǎng jiào nǐ ne, kuài qù ba。

Sū tí yǎ：Wǒ zài zhèr,（duì xiǎo wáng shuō）xiè xie nín a!

（Sū tí yǎ zǒu dào zǔ zhǎng miàn qián）

Sū tí yǎ：Zǔ zhǎng nín hǎo, wǒ shì xīn lái bào dào de xiǎo sū, hěn gāo xìng néng gòu zài nín de zǔ nèi hé nín yì qǐ gōng zuò, hái qǐng nín duō duō zhǐ dǎo、duō duō bāng zhù。

Zǔ zhǎng：Wǒ shì nǐ de zǔ zhǎng, xī wàng nǐ dǎ qǐ shí èr fēn jīng shén, rèn zhēn duì dài gōng zuò, duō xiàng qián bèi xué xí, nǔ lì shí xiàn zì jǐ de jià zhí。

Sū tí yǎ：Hǎo de, wǒ zhī dào le。Xiè xie zǔ zhǎng!

生词 New words

1. 臭　chòu　　　　　　　【形】smelly（here means grunpy）
2. 组长　zǔ zhǎng　　　　【名】section chief
3. 精神　jīng shén　　　　【名】spirit（here means cheer up）
4. 对待　duì dài　　　　　【动】treat
5. 前辈　qián bèi　　　　　【名】senior colleague
6. 脾气　pí qi　　　　　　【名】temper
7. 指导　zhǐ dǎo　　　　　【动】guide

语法 Grammar

一、"臭"的用法（The use of the word "臭"）

臭（chòu）——意为（气味）难闻（跟"香"相对）；惹人厌恶的；拙劣；不高明。

(1) 他总是耀武扬威地**臭**显摆，我们都很讨厌他。
(2) 别摆**臭**架子；勿趾高气扬。
(3) 顾名思义，香水当然是香的，难道有**臭**的香水么？

二、"可"的用法（The use of the word "可"）

可（kě）——副词，①许可；②表示强调；③用在疑问句中加强疑问。

(1) 这小孩子长得**可**真乖巧！
(2) 这些小"皇帝"**可**都出身于乌衣门第。
(3) 这件事说起来轻巧，做起来**可**不容易。
(4) 他又吃亏了，**可**他好像一点也不在乎。

练习 Exercises

1. 请用本课生词填空（Fill in the blanks with the new words in this lesson）

> 臭　组长　精神　对待
> 指导　前辈　脾气

（1）小明的工作能力很强，就是_____有点急躁。

（2）团结互助的_____永远在运动员心中。

（3）经过张经理的_____，我在工作中得心应手。

（4）我们应该以公平、公正的态度_____每一个人。

（5）他的态度_____得让人不想和他再有交集。

（6）在这个团队中，我们的_____就像一个灵魂的导师，不仅为我们的工作指明方向，还时刻鼓舞着我们的士气。

（7）_____是一个尊称，代表着经验、知识和智慧。

2. 用括号中的词语完成句子（Complete the sentences with the words in the brackets）

（1）_____，我们应当给予更多的关心和照顾。（对待）

（2）_____，因此结交了很多朋友。（脾气）

（3）这次工作任务按时完成了，_____。（指导）

（4）_____，让他们更加坚定自己的信念。（精神）

（5）_____为我们开创了今天的幸福生活。（前辈）

（6）这道菜已经放了三天了，_____。（臭）

（7）他把这项工作搞砸了，_____。（臭）

3. 下面括号中的词语应该放在什么地方（Where should the words in the brackets be placed）

（1）这家 A 公司名声很 B，你最好 C 不要去。（臭）

（2）志愿者 A 的 B 鼓舞着我，告诉我 C 要无私奉献。（精神）

（3）这个工作 A 很重要 B，请你认真 C。（对待）

（4）我很想 A 去旅行，B 有了钱 C 却没有了时间。（可）

应用课文 Practical reading

午休闲谈

苏缇雅：您好，谢谢您刚才的提醒，还没请教您尊姓大名。

小王：别客气，我叫小王。

苏缇雅：多谢您刚才提醒我，刚进组长的办公室，可把我吓了一跳，组长还真是严厉。

小王：他啊，他那人就那样，刀子嘴豆腐心，就是给你一个下马威而已。

苏缇雅：真的吗？我看他像有点针对我一样。

小王：别想太多。你还不知道午饭在哪里吃吧，我带你去。

（来到餐厅）

小王：来，我们午餐一般都在这里吃，你看有什么喜欢的菜自己去取，好吃不贵，特别适合我们这样的工薪阶层，很实惠。

苏缇雅：王哥，您看您喜欢吃什么，我请您。

小王：别客气，今天第一次见面，不用那么客气。今天我请客，欢迎你来我们公司。别推辞了，以后咱们就AA制，你刚参加工作，要用钱的地方还多呢。

苏缇雅：谢谢，真是谢谢您，咱们萍水相逢，您就对我照顾有加，这真是我的幸运。

小王：别客气了，我刚出来工作的时候也是这样，前辈们也很照顾我。

（两人吃饭中）

小王：小苏，以后慢慢来，不要着急，组长脾气不好，你也别多心，少说多做就行。

苏缇雅：我知道了，以后还请您多多指教！

小王：好的，有什么需要帮助的就问我好了！

Wǔ xiū xián tán

Sū tí yǎ：Nín hǎo, xiè xie nín gāng cái de tí xǐng, hái méi qǐng jiào nín zūn xìng dà míng。

Xiǎo wáng：Bié kè qi, wǒ jiào xiǎo wáng。

Sū tí yǎ：Duō xiè nín gāng cái tí xǐng wǒ, gāng jìn zǔ zhǎng de bàn gōng shì, kě bǎ wǒ xià le yí tiào, zǔ zhǎng hái zhēn shì yán lì。

Xiǎo wáng：Tā a, tā nà rén jiù nà yàng, dāo zǐ zuǐ dòu fǔ xīn, jiù shì gěi nǐ yí

第二章 努力工作每一天

gè xià mǎ wēi ér yǐ。

Sū tí yǎ：Zhēn de ma? Wǒ kàn tā xiàng yǒu diǎn zhēn duì wǒ yí yàng。

Xiǎo wáng：Bié xiǎng tài duō。Nǐ hái bù zhī dào wǔ fàn zài nǎ lǐ chī ba, wǒ dài nǐ qù。

(Lái dào cān tīng)

Xiǎo wáng：Lái, wǒ men wǔ cān yì bān dōu zài zhè lǐ chī, nǐ kàn yǒu shén me xǐ huan de cài zì jǐ qù qǔ, hǎo chī bú guì, tè bié shì hé wǒ men zhè yàng de gōng xīn jiē céng, hěn shí huì。

Sū tí yǎ：Wáng gē, nín kàn nín xǐ huan chī shén me, wǒ qǐng nín。

Xiǎo wáng：Bié kè qi, jīn tiān dì yī cì jiàn miàn, bú yòng nà me kè qi。Jīn tiān wǒ qǐng kè, huān yíng nǐ lái wǒ men gōng sī。Bié tuī cí le, yǐ hòu zán men jiù A A zhì, nǐ gāng cān jiā gōng zuò, yào yòng qián de dì fāng hái duō ne。

Sū tí yǎ：Xiè xie, zhēn shì xiè xie nín, zán men píng shuǐ xiāng féng, nín jiù duì wǒ zhào gù yǒu jiā, zhè zhēn shì wǒ de xìng yùn。

Xiǎo wáng：Bié kè qi le, wǒ gāng chū lái gōng zuò de shí hou yě shì zhè yàng, qián bèi men yě hěn zhào gù wǒ。

(Liǎng rén chī fàn zhōng)

Xiǎo wáng：Xiǎo sū, yǐ hòu màn màn lái, bú yào zháo jí, zǔ zhǎng pí qi bù hǎo, nǐ yě bié duō xīn, shǎo shuō duō zuò jiù xíng。

Sū tí yǎ：Wǒ zhī dào le, yǐ hòu hái qǐng nín duō duō zhǐ jiào!

Xiǎo wáng：Hǎo de, yǒu shén me xū yào bāng zhù de jiù wèn wǒ hǎo le!

 生词 New words

1. 闲谈　xián tán　　　　　【动】　chat
2. 严厉　yán lì　　　　　　【形】　serious
3. 实惠　shí huì　　　　　 【形】　economical
4. 推辞　tuī cí　　　　　　【动】　decline
5. 工薪阶层　gōng xīn jiē céng　【名】　working class

— 35 —

语法 Grammar

一、"萍水相逢"的用法（The use of the word "萍水相逢"）

萍水相逢（píng shuǐ xiāng féng）——原意是浮萍因水而四处流荡，聚散不定；比喻人本素不相识，因机缘巧合偶然相逢，在句子里可以充当谓语、定语。

(1) 我俩虽是**萍水相逢**，却一见如故。
(2) 我和他只是**萍水相逢**之交，并非旧识。
(3) 雷锋和很多人都只是**萍水相逢**，但他却无私地帮助别人。

二、"下马威"的用法（The use of the word "下马威"）

下马威（xià mǎ wēi）——旧指官吏刚到任就显示威势，后泛指一开始就对人显示威力。

(1) 要不是他心脏不好，我一定给他一个**下马威**。
(2) 这个教练一开始就给学员一个**下马威**。
(3) 今天一上来就是一耳光，不过是个**下马威**而已。

三、"多多指教"的用法（The use of the word "多多指教"）

多多指教（duō duō zhǐ jiào）——用于与能力比自己强的人对话时，希望对方能对自己不足之处点拨一下，让自己进步；用于刚刚认识又很不了解的人时，则带谦虚之意，方便日后能够和谐相处，以免影响工作。

(1) 张经理，请**多多指教**。
(2) 大家好，第一次来这里，请**多多指教**。
(3) 关于这个问题，还请您**多多指教**。

练习 Exercises

1. 下面括号中的词语应该放在什么地方（Where should the words in the brackets be placed）

（1）只不过是 A 的人，B 不必计较了。（萍水相逢）

（2）你我虽然是 A，但是经历相同，B 有很多共同语言，C 有种相见恨晚的感觉。（萍水相逢）

（3）小弟这场演讲的内容 A 只是拾人牙慧，请 B。（多多指教）

（4）看来 A 这次遇上劲敌了，B 第一位选手就给后面的选手们一个 C。（下马威）

（5）A 对不起，班门弄斧，其实我 B 还在学习，请 C。（多多指教）

（6）从刚起步我 A 就开始努力，但是第一次 B 的模拟考试就给了我一个 C，我的成绩滑入谷底。（下马威）

2. 将下列词语组成句子（Make sentences with the following words）

（1）这 我 企业策划 做的 是

_____。

（2）高经理 出差 要 明天

_____。

（3）工作 晋级 出色的人 经理职位 优先

_____。

（4）我们 竞聘 一次岗位 开展

_____。

（5）应当 我们 上级 认真对待 各项工作 分配的

_____。

3. 课后活动（Activity）

4～5 人一组，完成一个主题的项目陈述。

4. 写作（Writing）

以"第一个热心帮助我的人"为题，写一篇不少于 70 字的小作文。

职场文化 Workplace culture

职业规划与发展

职业规划是指个人在职业发展中设定的目标、计划和行动，以达到自我实现和职业成功。制定职业规划可以帮助我们更好地了解自己的兴趣、优势和价值观，并在此基础上规划适合自己的职业道路。职业规划包括以下几个方面。

(1) 自我评估：了解自己的兴趣、优势、价值观和职业目标。
(2) 市场调研：了解行业趋势、职位需求和竞争对手情况。
(3) 目标设定：根据自我评估和市场调研结果，设定适合自己的职业目标。
(4) 行动计划：制定实现职业目标的计划和行动方案。
(5) 定期评估：定期评估职业发展情况，调整计划和行动方案。

Zhí yè guī huà yǔ fā zhǎn

Zhí yè guī huà shì zhǐ gè rén zài zhí yè fā zhǎn zhōng shè dìng de mù biāo、jì huà hé xíng dòng，yǐ dá dào zì wǒ shí xiàn hé zhí yè chéng gōng。Zhì dìng zhí yè guī huà kě yǐ bāng zhù wǒ men gèng hǎo de liǎo jiě zì jǐ de xìng qù、yōu shì hé jià zhí guān，bìng zài cǐ jī chǔ shàng guī huà shì hé zì jǐ de zhí yè dào lù。Zhí yè guī huà bāo kuò yǐ xià jǐ gè fāng miàn。

(1) Zì wǒ píng gū：liǎo jiě zì jǐ de xìng qù、yōu shì、jià zhí guān hé zhí yè mù biāo。
(2) Shì chǎng diào yán：liǎo jiě háng yè qū shì、zhí wèi xū qiú hé jìng zhēng duì shǒu qíng kuàng。
(3) Mù biāo shè dìng：gēn jù zì wǒ píng gū hé shì chǎng diào yán jié guǒ，shè dìng shì hé zì jǐ de zhí yè mù biāo。
(4) Xíng dòng jì huà：zhì dìng shí xiàn zhí yè mù biāo de jì huà hé xíng dòng fāng àn。
(5) Dìng qī píng gū：dìng qī píng gū zhí yè fā zhǎn qíng kuàng，tiáo zhěng jì huà hé xíng dòng fāng àn。

传统文化 Traditional culture

说曹操，曹操到

"说曹操，曹操到"是一句流行的俗语。形容对方出其不意地出现在说话者面前，

常常给人惊喜。典故出自《三国演义》。

汉献帝在逃出长安的途中,遭到李傕、郭汜二人率兵一路追杀,有人献计推荐曹操,说他平剿青州黄巾军有功,可以救驾。然而信使还未出发,李郭联军就已杀到。走投无路之际,曹操麾下猛将夏侯惇率军赶到,"保驾"成功,将李郭联军击溃,曹操被加封官爵。故有"说曹操,曹操到"之说。

打起十二分精神

"打起十二分精神"是人们在日常生活中常用的一种词语组合,"打起十二分精神"的说法采用了夸张的修辞手法,正常情况下来说,形容一个人精神都说"十分精神",但是这里却多出了两分,变成十二分,这种情况在现实中是不可能达到的,主要是为了强调需要提高精神的最大限度。夸张就是用这种言过其实的说法,来进行某一方面的强调。"打起十二分精神"表达了需要提高精神的重要性。

刀子嘴豆腐心

比喻说话刻薄、言语尖利,但心地柔和、宽厚仁慈。虽然嘴上说的很难听,其实心里在滴血,这样的人很善良。嘴上说的和心里想的不一样(指说狠话的时候)。

Shuō cáo cāo, cáo cāo dào

"Shuō cáo cāo, cáo cāo dào" shì yí jù liú xíng de sú yǔ. Xíng róng duì fāng chū qí bú yì de chū xiàn zài shuō huà zhě miàn qián, cháng cháng gěi rén jīng xǐ. Diǎn gù chū zì 《Sān guó yǎn yì》.

Hàn xiàn dì zài táo chū cháng ān de tú zhōng, zāo dào lǐ què、guō sì èr rén shuài bīng yí lù zhuī shā, yǒu rén xiàn jì tuī jiàn cáo cāo, shuō tā píng jiǎo qīng zhōu huáng jīn jūn yǒu gōng, kě yǐ jiù jià. Rán ér xìn shǐ hái wèi chū fā, lǐ guō lián jūn jiù yǐ shā dào. Zǒu tóu wú lù zhī jì, cáo cāo huī xià měng jiàng xià hóu dūn shuài jūn gǎn dào, "bǎo jià" chéng gōng, jiāng lǐ guō lián jūn jī kuì, cáo cāo bèi jiā fēng guān jué. Gù yǒu "shuō cáo cāo, cáo cāo dào" zhī shuō.

Dǎ qǐ shí èr fēn jīng shén

"Dǎ qǐ shí èr fēn jīng shén" shì rén men zài rì cháng shēng huó zhōng cháng yòng de yì zhǒng cí yǔ zǔ hé, "dǎ qǐ shí èr fēn jīng shén" de shuō fǎ cǎi yòng le kuā zhāng de xiū cí shǒu fǎ, zhèng cháng qíng kuàng xià lái shuō, xíng róng yí gè rén jīng shén dōu shuō "shí fēn jīng shén", dàn shì zhè lǐ què duō chū le liǎng fēn, biàn chéng shí èr fēn, zhè zhǒng qíng kuàng zài xiàn shí zhōng shì bù kě néng dá dào de, zhǔ yào shì wèi le qiáng diào xū yào tí gāo jīng shén de zuì dà xiàn dù. Kuā zhāng jiù shì yòng zhè zhǒng yán guò qí shí de shuō fǎ, lái jìn xíng mǒu yì fāng miàn de qiáng diào. "dǎ qǐ shí èr fēn jīng shén" biǎo dá le xū yào tí gāo jīng shén de zhòng yào xìng.

Dāo zǐ zuǐ dòu fǔ xīn

Bǐ yù shuō huà kè bó、yán yǔ jiān lì, dàn xīn dì róu hé、kuān hòu rén cí. Suī rán zuǐ shàng shuō de hěn nán tīng, qí shí xīn lǐ zài dī xuè, zhè yàng de rén hěn shàn liáng. Zuǐ shàng shuō de hé xīn lǐ xiǎng de bù yí yàng (zhǐ shuō hěn huà de shí hou).

古诗欣赏 The appreciation of Chinese ancient poetry

yóu zǐ yín ①
游子吟

táng　mèng jiāo
唐·孟郊

cí mǔ shǒu zhōng xiàn　yóu zǐ shēn shàng yī ②
慈母手中线，游子身上衣。

lín xíng mì mì féng　yì kǒng chí chí guī ③
临行密密缝，意恐迟迟归。

shuí yán cùn cǎo xīn　bào dé sān chūn huī ④
谁言寸草心，报得三春晖。

【作者简介】

孟郊（751—814年），字东野，湖州武康（今浙江德清）人，唐代著名诗人。少年时期曾隐居嵩山。孟郊现存诗歌500多首，以短篇的五言古诗最多，代表作有《游子吟》《登科》等。今传本《孟东野诗集》10卷。有"诗囚"之称，与贾岛齐名，并称"郊寒岛瘦"。

【注释】

①此诗是孟郊为溧阳县尉时，迎养母亲时所作，表达了诗人对母爱的感激以及对

母亲深深的爱与尊敬之情。吟,诗体之一。

②游子:指诗人自己,以及各个离乡的游子。

③临:将要。意恐:担心。归:回来,回家。

④"谁言"二句:谁说儿女像小草那样微弱的孝心,能报答得了阳光般温暖的母爱呢?寸草心:指小草生出的嫩芽,又象征儿女的孝心。寸草,小草。三春晖:指春天的阳光,也象征母爱。三春,春天。因春季有三个月,故为此称。

【Zuò zhě jiǎn jiè】

Mèng jiāo (751—814 nián), zì dōng yě, hú zhōu wǔ kāng (jīn zhè jiāng dé qīng) rén, táng dài zhù míng shī rén. Shào nián shí qī céng yǐn jū sōng shān. Mèng jiāo xiàn cún shī gē 500 duō shǒu, yǐ duǎn piān de wǔ yán gǔ shī zuì duō, dài biǎo zuò yǒu 《yóu zǐ yín》《dēng kē》děng. Jīn chuán běn《mèng dōng yě shī jí》10 juàn. Yǒu "shī qiú" zhī chēng, yǔ jiǎ dǎo qí míng, bìng chēng "jiāo hán dǎo shòu".

【Zhù shì】

①Cǐ shī shì mèng jiāo wéi lì yáng xiàn wèi shí, yíng yǎng mǔ qīn shí suǒ zuò, biǎo dá le shī rén duì mǔ ài de gǎn jī yǐ jí duì mǔ qīn shēn shēn de ài yǔ zūn jìng zhī qíng. Yín, shī tǐ zhī yī.

②Yóu zǐ: zhǐ shī rén zì jǐ, yǐ jí gè gè lí xiāng de yóu zǐ.

③Lín: jiāng yào. Yì kǒng: dān xīn. Guī: huí lái, huí jiā.

④"Shuí yán" èr jù: shuí shuō ér nǚ xiàng xiǎo cǎo nà yàng wēi ruò de xiào xīn, néng bào dá dé liǎo yáng guāng bān wēn nuǎn de mǔ ài ne? Cùn cǎo xīn: zhǐ xiǎo cǎo shēng chū de nèn yá, yòu xiàng zhēng ér nǚ de xiào xīn. Cùn cǎo, xiǎo cǎo. Sān chūn huī: zhǐ chūn tiān de yáng guāng, yě xiàng zhēng mǔ ài. Sān chūn, chūn tiān. Yīn chūn jì yǒu sān gè yuè, gù wéi cǐ chēng.

第三章　中国发展太快了！

背景介绍 Background

人物介绍：苏缇雅、李经理
地点：中国-东盟博览会商品贸易展会
职业思考：
1. 怎样进行项目的前期准备？
2. 中国东盟博览会对我们有什么帮助？

基本课文 Dialogue

中国-东盟一家亲

苏缇雅：这儿真大！李经理，听说有一千多家厂商参加了这次展会，是吗？
李经理：是啊，这是今年国内规模最大的展会之一，不但全国各地的厂商参加了

第三章 中国发展太快了!

此次盛会,而且还有不少外国公司参展。你可以看看参加展会的厂商介绍。

苏缇雅:服装、家电、手机、汽车、玩具……参展的企业和产品可真不少!这个展会每年都会举办吗?

李经理:是的,这是此届中国-东盟博览会的其中一个展会。

苏缇雅:这只是其中的一个展会吗?可是光这一个展会就能举办这么大,而且能招来这么多的厂商。那其他的展会规模也应该非常大。

李经理:是的,中国-东盟博览会由中国与东盟10国共同主办,每年在广西南宁举办的国家级、国际性经贸交流盛会。博览会推动了各国的繁荣发展、造福了地区人民。

苏缇雅:是啊,中国的发展太快了!我也很爱中国!

Zhōng guó-dōng méng yì jiā qīn

Sū tí yǎ: Zhèr zhēn dà! Lǐ jīng lǐ, tīng shuō yǒu yì qiān duō jiā chǎng shāng cān jiā le zhè cì zhǎn huì, shì ma?

Lǐ jīng lǐ: Shì a, zhè shì jīn nián guó nèi guī mó zuì dà de zhǎn huì zhī yī, bú dàn quán guó gè dì de chǎng shāng cān jiā le cǐ cì shèng huì, ér qiě hái yǒu bù shǎo wài guó gōng sī cān zhǎn. Nǐ kě yǐ kàn kàn cān jiā zhǎn huì de chǎng shāng jiè shào.

Sū tí yǎ: Fú zhuāng、jiā diàn、shǒu jī、qì chē、wán jù……cān zhǎn de qǐ yè hé chǎn pǐn kě zhēn bù shǎo! Zhè ge zhǎn huì měi nián dōu huì jǔ bàn ma?

Lǐ jīng lǐ: Shì de, zhè shì cǐ jiè zhōng guó-dōng méng bó lǎn huì de qí zhōng yí gè zhǎn huì.

Sū tí yǎ: Zhè zhǐ shì qí zhōng de yí gè zhǎn huì ma? Kě shì guāng zhè yí gè zhǎn huì jiù néng jǔ bàn zhè me dà, ér qiě néng zhāo lái zhè me duō de chǎng shāng. Nà qí tā de zhǎn huì guī mó yě yīng gāi fēi cháng dà.

Lǐ jīng lǐ: Shì de, zhōng guó-dōng méng bó lǎn huì yóu zhōng guó yǔ dōng méng 10 guó gòng tóng zhǔ bàn, měi nián zài guǎng xī nán níng jǔ bàn de guó jiā jí、guō jì xìng jīng mào jiāo liú shèng huì. Bó lǎn huì tuī dòng le gè guó de fán róng fā zhǎn、zào fú le dì qū rén míng.

Sū tí yǎ: Shì a, zhōng guó de fā zhǎn tài kuài le! Wǒ yě hěn ài zhōng guó!

生词 New words

1. 博览会　bó lǎn huì　　【名】　expo
2. 听说　　tīng shuō　　　【动】　hear about
3. 参展　　cān zhǎn　　　【动】　participate in an exhibition
4. 规模　　guī mó　　　　【名】　scale
5. 举办　　jǔ bàn　　　　【动】　hold
6. 届　　　jiè　　　　　　【量】　year / session
7. 发展　　fā zhǎn　　　　【动】　develop
8. 介绍　　jiè shào　　　　【动】　introduce

语法 Grammar

一、"在……（的）陪同下"的用法（The use of the phrase "在……（的）陪同下"）

（1）在中国东盟博览会商品贸易展会，苏缇雅**在**李经理**陪同下**参观展会。
（2）**在**志愿者的**陪同下**，我们昨天参观了美丽的校园。
（3）孩子**在**父母的**陪同下**，来到了比赛现场。

二、"光"（guāng）的用法（The use of the word "光"）

光（guāng）——仅仅，单。

> （1）**光**这一个展会就能举办这么大，而且能招来这么多的厂商。
> （2）不**光**为我，也是为他；要为集体着想，不能**光**考虑个人。
> （3）**光**说也不行，也要有实际行动。

三、"之一"的用法（The use of the phrase "之一"）

之一（zhī yī）——一定范围内的数量或事物中的一个，常用于说明文中。"之一"体现说明文语言的准确性。

> （1）这是今年国内规模最大的交易会**之一**。
> （2）她是中国著名的作家**之一**。
> （3）教师追求的目标**之一**就是能够教学相长。

练习 Exercises

1. 请用本课生词填空（Fill in the blanks with the new words in this lesson）

> 博览会　听说　参展　规模
> 举办　届　发展　介绍

（1）这是第 8 _____ 冬季亚运会。
（2）今年_____的汽车品牌种类真多。
（3）本次展会的_____是史上最大的。
（4）我_____周杰伦的演唱会下月正式开唱。
（5）这是首次由中国举办的_____。
（6）昨天晚上，我们_____了一次难忘的聚会。
（7）我很高兴向大家_____我的家乡，一个美丽而富饶的地方。
（8）他的音乐作品在不断_____和演变。

2. 用括号中的词语完成句子（Complete the sentences with the words in the brackets）

（1）_____，小王完成了工作。（在……陪同下）

（2）_____，我们安全抵达了酒店。（在……陪同下）

（3）我_____，还会弹钢琴。（光）

（4）_____，应该落实到行动上。（光）

（5）我_____，还会弹钢琴。（之一）

3. 下面括号中的词语应该放在什么地方（Where should the words in the brackets be placed）

（1）该影片 A 取得数枚奖项，还是第一部 B 受邀到康城影展 C 的新加坡电影。（参展）

（2）随着经济的 A，人民群众的生活也逐渐 B 由"温饱型"过渡 C 到"小康型"。（发展）

（3）今天，我给大家 A 一个人，她是我的同学 B，也是我的 C 好朋友。（介绍）

4. 句型练习（Sentence exercises）

（1）用"在……的陪同下"完成下列对话。

对话：

A：你是怎么找到那个学校的？

B：_____，我们安全抵达了学校。

对话：

A：我家孩子5岁了，可以单独参加这个游戏吗？

B：这个游戏小朋友不能单独参加，_____。

（2）用"光"完成下列对话。

对话：

A：他的成绩真好啊！

B：_____。

对话：

A：她会的乐器真多！

B：是啊，她不_____，还会弹钢琴。

（3）用"之一"完成下列对话。

对话：

A：他的成绩真好啊！

B：_____。

应用课文 Practical reading

中国-东盟博览会

中国-东盟博览会（China-ASEAN Expo，CAEXPO），简称东博会，是在中国境内由多国政府共同举办，并且长期在同一个地方举办的展会之一。中国-东盟博览会以展览为中心，同时开展多领域、多层次的交流活动，搭建了中国与东盟交流合作的平台。

博览会主要内容为商品贸易、投资合作、服务贸易、高层论坛和文化交流，将进口与出口相结合，以进口为特色，强调对东盟市场开放，做东盟商品进入中国的桥梁；将投资与引资相结合，以中国企业"走出去"为特色，做中国企业投资东盟的平台；将商品贸易与服务贸易相结合，以旅游服务和中小企业技术创新成果转让为切入点，培育中国与东盟经贸合作的新增长点。中国-东盟商务与投资峰会和博览会同期举办，二者有机结合，相互促进。"两会"期间，既有实实在在的经贸活动，又有政府、企业、专家学者的相互对话与交流。博览会既是一次经贸盛会，又是一次多边国际活动，增进了对彼此的了解，充分体现了中国与东盟睦邻友好、建立面向和平与繁荣的战略合作伙伴关系的宗旨和意图，务实地推动了中国与东盟国家区域经济合作的深入发展。博览会期间同时举办"风情东南亚"晚会、"南宁国际民歌艺术节"开幕晚会、"中华情"晚会、高尔夫名人赛、"网球之友"名人赛、时装节、美食节等精彩纷呈的文化体育活动。

（节选自网络，有删改）

商务汉语

Zhōng guó - dōng méng bó lǎn huì

Zhōng guó - dōng méng bó lǎn huì（China - ASEAN Expo，CAEXPO），jiǎn chēng dōng bó huì，shì zài zhōng guó jìng nèi yóu duō guó zhèng fǔ gòng tóng jǔ bàn，bìng qiě cháng qī zài tóng yí gè dì fāng jǔ bàn de zhǎn huì zhī yī。Zhōng guó - dōng méng bó lǎn huì yǐ zhǎn lǎn wéi zhōng xīn，tóng shí kāi zhǎn duō lǐng yù、duō céng cì de jiāo liú huó dòng，dā jiàn le zhōng guó yǔ dōng méng jiāo liú hé zuò de píng tái。

Bó lǎn huì zhǔ yào nèi róng wéi shāng pǐn mào yì、tóu zī hé zuò、fú wù mào yì、gāo céng lùn tán hé wén huà jiāo liú，jiāng jìn kǒu yǔ chū kǒu xiāng jié hé，yǐ jìn kǒu wéi tè sè，qiáng diào duì dōng méng shì chǎng kāi fàng，zuò dōng méng shāng pǐn jìn rù zhōng guó de qiáo liáng；Jiāng tóu zī yǔ yǐn zī xiāng jié hé，yǐ zhōng guó qǐ yè "zǒu chū qù" wéi tè sè，zuò zhōng guó qǐ yè tóu zī dōng méng de píng tái；Jiāng shāng pǐn mào yì yǔ fú wù mào yì xiāng jié hé，yǐ lǚ yóu fú wù hé zhōng xiǎo qǐ yè jì shù chuàng xīn chéng guǒ zhuǎn ràng wéi qiē rù diǎn，péi yù zhōng guó yǔ dōng méng jīng mào hé zuò de xīn zēng zhǎng diǎn。Zhōng guó - dōng méng shāng wù yǔ tóu zī fēng huì hé bó lǎn huì tóng qī jǔ bàn，èr zhě yǒu jī jié hé，xiāng hù cù jìn。"Liǎng huì" qī jiān，jì yǒu shí shí zài zài de jīng mào huó dòng，yòu yǒu zhèng fǔ、qǐ yè、zhuān jiā xué zhě de xiāng hù duì huà yǔ jiāo liú。Bó lǎn huì jì shì yí cì jīng mào shèng huì，yòu shì yí cì duō biān guó jì huó dòng，zēng jìn le duì bǐ cǐ de liǎo jiě，chōng fèn tǐ xiàn le zhōng guó yǔ dōng méng mù lín yǒu hǎo、jiàn lì miàn xiàng hé píng yǔ fán róng de zhàn lüè hé zuò huǒ bàn guān xì de zōng zhǐ hé yì tú，wù shí de tuī dòng le zhōng guó yǔ dōng méng guó jiā qū yù jīng jì hé zuò de shēn rù fā zhǎn。Bó lǎn huì qī jiān tóng shí jǔ bàn "fēng qíng dōng nán yà" wǎn huì、"nán níng guó jì mín gē yì shù jié" kāi mù wǎn huì、"zhōng huá qíng" wǎn huì、gāo ěr fū míng rén sài、"wǎng qiú zhī yǒu" míng rén sài、shí zhuāng jié、měi shí jié děng jīng cǎi fēn chéng de wén huà tǐ yù huó dòng。

(Jié xuǎn zì wǎng luò，yǒu shān gǎi)

生词 New words

1. 搭建　dā jiàn　　　　　【动】　establish
2. 促进　cù jìn　　　　　【动】　promote
3. 战略　zhàn lüè　　　　【名】　strategy

— 48 —

4. 框架	kuàng jià	【名】	frame
5. 永久	yǒng jiǔ	【形】	permanent
6. 会址	huì zhǐ	【名】	conference site
7. 福利	fú lì	【名】	welfare
8. 经贸	jīng mào	【名】	economy and trade
9. 层次	céng cì	【名】	level
10. 宗旨	zōng zhǐ	【名】	aim

语法 Grammar

一、"既是……又是……"的用法（The use of the phrase "既是……又是……"）

（1）博览会**既是**一次经贸盛会，**又是**一次多边国际活动。

（2）这个奖杯，**既是**对这阶段我们工作的肯定，**又是**对我们下阶段工作的鞭策。

（3）秋天**既是**一个丰收的季节**又是**一个凉爽的季节。

二、"以……为……"的用法（The use of the phrase "以……为……"）

（1）《中国与东盟全面经济合作框架协议》**以**双向互利**为**原则，**以**自由贸易区内的经贸合作**为**重点。

（2）我们应该**以**家庭**为**中心，**以**健康**为**主的去生活。

（3）我们应该**以**积极向上的态度**为**美好生活打下基础。

练习 Exercises

1. 词汇练习（Vocabulary exercises）

例：国际　　a. 国际贸易　　b. 国际航班

搭建　　a. ＿＿＿＿　　b. ＿＿＿＿

促进　　a. _____　　　b. _____
永久　　a. _____　　　b. _____
经贸　　a. _____　　　b. _____
层次　　a. _____　　　b. _____

2. 句型练习（Sentence exercises）

（1）请用"根据……"造句，回答下面的问题。
你认为这份合同的内容是怎么确定的？
_____。

（2）请用"既是……又是……"造句，回答下面的问题。
你在公司的职务是什么？
_____。

这次比赛对我们意义重大，大家可以说一说为什么吗？
_____。

（3）请用"以……为……"造句，回答下面的问题。
我们应该有什么样的生活态度？
_____。

这次工作的重点是什么？
_____。

3. 将下列词语组成句子（Make sentences with the following words）

（1）花　公园　开得　里的　美丽　很
_____。

（2）为　别人　自己　做　能做的事　最快乐
_____。

（3）羊儿　奔向　无边的　蹦跳着　一只只　草原
_____。

（4）手拉手　又跳又笑　三个　围着　小树　小伙伴
_____。

（5）西北风　冬天　呼呼地　到了　刮起来
_____。

职场文化 Workplace culture

领导力与团队管理

　　领导力是指在组织中影响和激励他人实现组织目标的能力。团队管理是指协调团队成员之间的工作，以实现组织目标的过程。领导力和团队管理对组织目标的实现至关重要。以下是有关领导力与团队管理的一些关键要素。

一、领导力方面：明确组织目标、制定实施计划、合理分配任务、激励和鼓舞员工、及时给予反馈和指导。

二、团队管理方面：建立良好的沟通渠道、协调团队成员之间的工作、合理分配任务和资源、激发团队士气和凝聚力。

Lǐng dǎo lì yǔ tuán duì guǎn lǐ

Lǐng dǎo lì shì zhǐ zài zǔ zhī zhōng yǐng xiǎng hé jī lì tā rén shí xiàn zǔ zhī mù biāo de néng lì。Tuán duì guǎn lǐ shì zhǐ xié tiáo tuán duì chéng yuán zhī jiān de gōng zuò，yǐ shí xiàn zǔ zhī mù biāo de guò chéng。Lǐng dǎo lì hé tuán duì guǎn lǐ duì zǔ zhī mù biāo de shí xiàn zhì guān zhòng yào。Yǐ xià shì yǒu guān lǐng dǎo lì yǔ tuán duì guǎn lǐ de yì xiē guān jiàn yào sù。

Yī、Lǐng dǎo lì fāng miàn：míng què zǔ zhī mù biāo、zhì dìng shí shī jì huà、hé lǐ fēn pèi rèn wù、jī lì hé gǔ wǔ yuán gōng、jí shí jǐ yǔ fǎn kuì hé zhǐ dǎo。

Èr、Tuán duì guǎn lǐ fāng miàn：jiàn lì liáng hǎo de gōu tōng qú dào、xié tiáo tuán duì chéng yuán zhī jiān de gōng zuò、hé lǐ fēn pèi rèn wù hé zī yuán、jī fā tuán duì shì qì hé níng jù lì。

传统文化 Traditional culture

关于龙的成语典故有哪些？

成语典故是指关于成语产生、形成、流传的故事传说，有关龙的成语典故有叶公好龙、画龙点睛和屠龙之技等。

（1）叶公好龙。

叶公非常喜欢龙，衣服上、酒器上都刻着龙，屋子内外都雕刻着龙。他这样爱龙，被天上的真龙知道后，便从天上来到叶公的住所，龙头搭在窗台上探看，龙尾伸到了厅堂里。叶公一看是真龙，转身就跑，被吓得像失了魂似的，惊恐万状，茫然无措。由此看来，叶公并不是真的喜欢龙，他喜欢的只不过是那些像龙却不是龙的东西罢了。

后来，大家就用"叶公好龙"来形容一个人对外假装自己很爱好某样事物，其实私底下根本就不喜欢。

（2）画龙点睛。

古时候，有个叫张僧繇的画家，他画的画活灵活现，甚至有人说他画的动物能变成真的。有一次，他到金陵（现南京）的安乐寺游玩，兴趣来了，就在墙壁上面画了四条龙，可是没有画眼睛。有人就问他："你为什么不画龙的眼睛呢？"他回答说："眼睛是龙的精髓，画上眼睛，龙就会飞走的。"大家听了哈哈大笑，认为这话很荒诞，他简直就是个疯子。没想到他提起画笔，运足气力，刚给其中一条龙点上眼睛，天上立刻乌云翻滚，电闪雷鸣，那条龙破壁而出，腾空而起，人们惊得目瞪口呆。后来，"画龙点睛"这个成语用来比喻说话或写文章时，在关键处加上精辟的话，使内容更加深刻而生动。

（3）屠龙之技。

从前有个人一心想学到一种神奇的本领。他听说支离益会屠龙，心想："这可是世上罕见的本领。"于是他便去拜支离益做老师。他学呀学，学了整整三年，把家产都折腾光了，才把屠龙的本领学到手。可是本领学到手又有什么用呢？天下根本没有龙，他那绝妙的本领到哪儿去施展呢？"屠龙之技"比喻毫无实际用途的本领。

Guān yú lóng de chéng yǔ diǎn gù yǒu nǎ xiē?

Chéng yǔ diǎn gù shì zhǐ guān yú chéng yǔ chǎn shēng、xíng chéng、liú chuán de gù shi chuán shuō, yǒu guān lóng de chéng yǔ diǎn gù yǒu yè gōng hào lóng、huà lóng diǎn jīng hé tú lóng zhī jì děng.

(1) Yè gōng hào lóng.

Yè gōng fēi cháng xǐ huān lóng, yī fu shàng、jiǔ qì shàng dōu kè zhe lóng, wū zǐ nèi wài dōu diāo kè zhe lóng. Tā zhè yàng ài lóng, bèi tiān shàng de zhēn lóng zhī dào hòu, biàn cóng tiān shàng lái dào yè gōng de zhù suǒ, lóng tóu dā zài chuāng tái shàng tàn kàn, lóng wěi shēn dào le tīng táng lǐ. Yè gōng yí kàn shì zhēn lóng, zhuǎn shēn jiù pǎo, bèi xià de xiàng shī le hún shì de, jīng kǒng wàn zhuàng, máng rán wú cuò. Yóu cǐ kàn lái, yè gōng bìng bú shì zhēn de xǐ huan lóng, tā xǐ huan de zhǐ bú guò shì nà xiē xiàng lóng què bú shì lóng de dōng xi bà le.

Hòu lái, dà jiā jiù yòng "yè gōng hào lóng" lái xíng róng yí gè rén duì wài jiǎ zhuāng zì jǐ hěn ài hào mǒu yàng shì wù, qí shí sī dǐ xià gēn běn jiù bù xǐ huān.

(2) Huà lóng diǎn jīng.

Gǔ shí hou, yǒu gè jiào zhāng sēng yáo de huà jiā, tā huà de huà huó líng huó xiàn, shèn zhì yǒu rén shuō tā huà de dòng wù néng biàn chéng zhēn de. Yǒu yí cì, tā dào jīn líng (xiàn nán jīng) de ān lè sì yóu wán, xìng qù lái le, jiù zài qiáng bì shàng miàn huà le sì tiáo lóng, kě shì méi yǒu huà yǎn jīng. Yǒu rén jiù wèn tā: "Nǐ wèi shén me bú huà lóng de yǎn jīng ne?" Tā huí dá shuō: "Yǎn jīng shì lóng de jīng suí, huà shàng yǎn jīng, lóng jiù huì fēi zǒu de." Dà jiā tīng le hā hā dà xiào, rèn wéi zhè huà hěn huāng dàn, tā jiǎn zhí jiù shì gè fēng zi. Méi xiǎng dào tā tí qǐ huà bǐ, yùn zú qì lì, gāng gěi qí zhōng yì tiáo lóng diǎn shàng yǎn jīng, tiān shàng lì kè wū yún fān gǔn, diàn shǎn léi míng, nà tiáo lóng pò bì ér chū, téng kōng ér qǐ, rén men jīng de mù dèng kǒu dāi. Hòu lái, "huà lóng diǎn jīng" zhè ge chéng yǔ yòng lái bǐ yù shuō huà huò xiě wén zhāng shí, zài guān jiàn chù jiā shàng jīng pì de huà, shǐ nèi róng gèng jiā shēn kè ér shēng dòng.

（3）Tú lóng zhī jì.

Cóng qián yǒu gè rén yì xīn xiǎng xué dào yì zhǒng shén qí de běn lǐng. Tā tīng shuō zhī lí yì huì tú lóng, xīn xiǎng: "Zhè kě shì shì shàng hǎn jiàn de běn lǐng." Yú shì tā biàn qù bài zhī lí yì zuò lǎo shī. Tā xué ya xué, xué le zhěng zhěng sān nián, bǎ jiā chǎn dōu zhē teng guāng le, cái bǎ tú lóng de běn lǐng xué dào shǒu. Kě shì běn lǐng xué dào shǒu yòu yǒu shén me yòng ne? Tiān xià gēn běn méi yǒu lóng, tā nà jué miào de běn lǐng dào nǎr qù shī zhǎn ne? "Tú lóng zhī jì" bǐ yù háo wú shí jì yòng tú de běn lǐng.

古诗欣赏 The appreciation of Chinese ancient poetry

huí xiāng ǒu shū①
回乡偶书

táng hè zhī zhāng
唐·贺知章

shàoxiǎo lí jiā lǎo dà huí
少小离家老大回，

xiāng yīn wú gǎi bìn máoshuāi②
乡音无改鬓毛衰。

ér tóngxiāng jiàn bù xiāng shí
儿童相见不相识，

xiào wèn kè cóng hé chù lái③
笑问客从何处来。

yǒng liǔ①
咏柳

táng hè zhī zhāng
唐·贺知章

bì yù② zhuāngchéng③ yí shù④ gāo
碧玉妆成一树高，

wàn tiáo chuí xià lǜ sī tāo⑤
万条垂下绿丝绦。

bù zhī xì yè shuí cái⑥ chū
不知细叶谁裁出，

èr yuè⑦ chūnfēng sì⑧ jiǎn dāo
二月春风似剪刀。

【作者简介】

贺知章(约659—744年),字季真,唐代著名诗人、书法家,越州永兴(今浙江萧山)人。少时就以诗文知名,武则天证圣元年(695年)中乙未科状元,授予国子四门博士,迁太常博士,后历任礼部侍郎、秘书监、太子宾客等职。

贺知章为人旷达不羁,有"清谈风流"之誉,晚年尤纵,自号"四明狂客""秘书外监"。八十六岁告老还乡,旋逝。他属于盛唐前期诗人,又是著名书法家,与张若虚、张旭、包融并称"吴中四士"。贺知章诗文以绝句见长,除祭神乐章、应制诗外,其写景、抒怀之作风格独特,清新潇洒,著名的《咏柳》《回乡偶书》两首诗脍炙人口,千古传诵。其作品大多散佚,今尚存录入《全唐诗》共19首。

【注释】

《回乡偶书》

①此诗作于天宝三年(744年)贺知章辞官还乡时,此时他已八十六岁了。此诗截取其久客返乡的生活场景,表达万千感触。

②此二句用对比法,点明诗人离家与回乡相距年岁之久、时间之遥,表达了诗人悲喜交加,感慨与激动参半的感情。衰(shuāi):稀疏。

③三四句描绘了一幅富于戏剧性的儿童笑问的场面。"笑问客从何处来",引出了诗人对反主为宾的悲哀的无穷感慨。

《咏柳》

①柳:柳树,落叶乔木或灌木,叶子狭长,种类很多。本诗描写的是垂柳。

②碧玉:碧绿色的玉。这里用以比喻春天的嫩绿的柳叶。

③妆成:装饰,打扮。

④一树:满树。一,满,全。在中国古代文学作品中,数量词在使用中并不一定表示确切的数量。下一句的"万",就是表示很多的意思。

⑤绦:用丝编成的绳带。丝丝:形容一丝丝像丝带般的柳条。

⑥裁:裁剪,用刀或剪子把物体分成若干局部。

⑦二月:农历二月,正是初春时节。

⑧似:好似,如同,似乎。

【Zuò zhě jiǎn jiè】

Hè zhī zhāng (yuē 659—744 nián), zì jì zhēn, táng dài zhù míng shī rén、shū fǎ jiā, yuè zhōu yǒng xīng (jīn zhè jiāng xiāo shān) rén. Shào shí jiù yǐ shī wén zhī míng, wǔ zé tiān zhèng shèng yuán nián (695 nián) zhòng yǐ wèi kē zhuàng yuán, shòu yǔ guó zǐ sì mén bó shì, qiān tài cháng bó shì, hòu lì rèn lǐ bù shì láng、mì shū jiān、tài zǐ bīn kè děng zhí.

Hè zhī zhāng wéi rén kuàng dá bù jī, yǒu "qīng tán fēng liú" zhī yù, wǎn nián yóu zòng, zì hào "sì míng kuáng kè" "mì shū wài jiān". Bā shí liù suì gào lǎo huán xiāng, xuán shì。Tā shǔ yú shèng táng qián qī shī rén, yòu shì zhù míng shū fǎ jiā, yǔ zhāng ruò xū、zhāng xù、bāo róng bìng chēng "wú zhōng sì shì"。Hè zhī zhāng shī wén yǐ jué jù jiàn cháng, chú jì shén yuè zhāng、yìng zhì shī wài, qí xiě jǐng、shū huái zhī zuò fēng gé dú tè, qīng xīn xiāo sǎ, zhù míng de《yǒng liǔ》《huí xiāng ǒu shū》liǎng shǒu shī kuài zhì rén kǒu, qiān gǔ chuán sòng。Qí zuò pǐn dà duō sàn yì, jīn shàng cún lù rù《quán táng shī》gòng 19 shǒu。

【Zhù shì】

《Huí xiāng ǒu shū》

①Cǐ shī zuò yú tiān bǎo sān nián (744 nián) hè zhī zhāng cí guān huán xiāng shí, cǐ shí tā yǐ bā shí liù suì le。Cǐ shī jié qǔ qí jiǔ kè fǎn xiāng de shēng huó chǎng jǐng, biǎo dá wàn qiān gǎn chù。

②Cǐ èr jù yòng duì bǐ fǎ, diǎn míng shī rén lí jiā yǔ huí xiāng xiāng jù nián suì zhī jiǔ、shí jiān zhī yáo, biǎo dá le shī rén bēi xǐ jiāo jiā, gǎn kǎi yǔ jī dòng cān bàn de gǎn qíng。Shuāi (Shuāi):xī shū。

③Sān sì jù miáo huì le yì fú fù yú xì jù xìng de ér tóng xiào wèn de chǎng miàn。"Xiào wèn kè cóng hé chù lái", yǐn chū le shī rén duì fǎn zhǔ wéi bīn de bēi āi de wú qióng gǎn kǎi。

《Yǒng liǔ》

①Liǔ:liǔ shù, luò yè qiáo mù huò guàn mù, yè zi xiá cháng, zhǒng lèi hěn duō。Běn shī miáo xiě de shì chuí liǔ。

②Bì yù:bì lǜ sè de yù。Zhè lǐ yòng yǐ bǐ yù chūn tiān de nèn lǜ de liǔ yè。

③Zhuāng chéng:zhuāng shì, dǎ bàn。

④Yí shù:mǎn shù。Yī, mǎn, quán。Zài zhōng guó gǔ dài wén xué zuò pǐn zhōng, shù liàng cí zài shǐ yòng zhōng bìng bù yí dìng biǎo shì què qiē de shù liàng。Xià yí jù de "wàn", jiù shì biǎo shì hěn duō de yì si。

⑤Tāo:yòng sī biān chéng de shéng dài。Sī tāo:xíng róng yì sī sī xiàng sī dài bān de liǔ tiáo。

⑥Cái:cái jiǎn, yòng dāo huò jiǎn zi bǎ wù tǐ fēn chéng ruò gān jú bù。

⑦Èr yuè:nóng lì èr yuè, zhèng shì chū chūn shí jié。

⑧Sì:hǎo sì, rú tóng, sì hū。

第四章　我们的新产品

背景介绍 Background

人物介绍：苏缇雅、李经理、王明（同事）、小李（同事）、小陈（同事）
地点：公司会议室
职业思考：
1. 怎样更好地介绍和推销产品？
2. 介绍产品时PPT的重点呈现是什么？

基本课文 Dialogue

介绍新产品

苏缇雅与她的团队成员王明制作了关于新产品的PPT，旨在让大家更了解该产品，并决定召开部门会议就相关内容进行讨论。

（会议准备）

苏缇雅：今天要召开部门会议介绍新产品，我们去准备一下吧。

王明：我刚来，业务还不熟悉，部门会议需要做什么准备？

苏缇雅：首先，我们需要预定会议室；然后，把参会人员的座牌放在对应的位置上，接着把会议议程打印出来放在座牌旁边。

王明：会议议程需要打印多少份？

苏缇雅：我们有8个人参会，每人1份，还需多准备2份，一共10份。

王明：没问题。

苏缇雅：此外，还要打开多媒体设备，用来放映我们的PPT。

王明：好的。对了，大家在会议期间想喝水怎么办？需要提前准备吗？

苏缇雅：多亏你的提醒，是的，每个人桌上还要放一瓶矿泉水。

王明：那么我负责预定会议室、放置座牌、打印会议议程和准备矿泉水，怎么样？

苏缇雅：好，我负责多媒体调试和PPT放映。

王明：那咱们就开始吧！

（会议开始）

苏缇雅：各位领导、同事们大家好！今天由我向大家介绍我们团队新开发的一个旅游产品项目。

李经理：好的，请开始吧。

苏缇雅：由于目前该产品还没有确定名称，为了方便介绍，我们暂且把它称作"农家乐体验两日游"。

小李：只有两天吗？这和我们之前做过的旅游项目不同。

苏缇雅：对，我们之前的旅游产品都是为想去不同地点游玩的外国游客设计的，行程约4~9天。这次我们推出的两日游，只固定在一个地点，但会比前者有更深刻的旅游体验。

小陈：具体有什么内容呢？

苏缇雅：我们选取晨曦农场作为目的地，外国游客来到这里能够体验当地的真实生活。上午到达后，游客们可在菜园里摘一些喜欢吃的蔬果，搭配上我们提供的肉类，交由厨师制作成本地美食作为午餐；下午游客们可以自由活动，或去农场其他地方转转，体验一些轻松的农活，也可以去市场上选购新鲜的本地食材，晚餐由游客们自己烹饪；晚上，游客们会在农场提供的客房内休息。第二天上午，农场为游客提供了当地的特色早餐，大家吃完早餐后可以在附近走走逛逛，中午时结束行程返回。

小陈：听起来感觉非常有意思！

李经理：这个项目很新颖，但不知道外国游客对这种旅游形式是否感兴趣。

小李：我们市场部接下来会做相应的市场调研。

苏缇雅：没错，接下来我们还需要去市场上了解外国游客们对这个项目的看法，多问问他们的意见。

小李、小陈：那新项目大概定价多少？

苏缇雅：价格需要做完市场调研后才能确定。此外，后期我们在推销新项目时会加大广告宣传，也会设计一些促销活动吸引顾客。

李经理：那接下来的工作需要我们市场部的同事来跟进，请做一份详细的市场调研报告。对了,这个新项目还没有名字,请大家集思广益,讨论一下叫什么名字比较合适吧!

Jiè shào xīn chǎn pǐn

Sū tí yǎ yǔ tā de tuán duì chéng yuán wáng míng zhì zuò le guān yú xīn chǎn pǐn de PPT, zhǐ zài ràng dà jiā gèng liǎo jiě gāi chǎn pǐn, bìng jué dìng zhào kāi bù mén huì yì jiù xiāng guān nèi róng jìn xíng tǎo lùn。

(Huì yì zhǔn bèi)

Sū tí yǎ:Jīn tiān yào zhào kāi bù mén huì yì jiè shào xīn chǎn pǐn, wǒ men qù zhǔn bèi yí xià ba。

Wáng míng:Wǒ gāng lái, yè wù hái bù shú xi, bù mén huì yì xū yào zuò shén me zhǔn bèi?

Sū tí yǎ:Shǒu xiān, wǒ men xū yào yù dìng huì yì shì;rán hòu, bǎ cān huì rén yuán de zuò pái fàng zài duì yìng de wèi zhì shàng, jiē zhe bǎ huì yì yì chéng dǎ yìn chū lái fàng zài zuò pái páng biān。

Wáng míng:Huì yì yì chéng xū yào dǎ yìn duō shao fèn?

Sū tí yǎ:Wǒ men yǒu 8 gè rén cān huì, měi rén 1 fèn, hái xū duō zhǔn bèi 2 fèn, yí gòng 10 fèn。

Wáng míng:Méi wèn tí。

Sū tí yǎ:Cǐ wài, hái yào dǎ kāi duō méi tǐ shè bèi, yòng lái fàng yìng wǒ men de PPT。

Wáng míng:Hǎo de。Duì le, dà jiā zài huì yì qī jiān xiǎng hē shuǐ zěn me bàn? Xū yào tí qián zhǔn bèi ma?

Sū tí yǎ:Duō kuī nǐ de tí xǐng, shì de, měi gè rén zhuō shàng hái yào fàng yì píng kuàng quán shuǐ。

Wáng míng:Nà me wǒ fù zé yù dìng huì yì shì、fàng zhì zuò pái、dǎ yìn huì yì yì chéng hé zhǔn bèi kuàng quán shuǐ, zěn me yàng?

Sū tí yǎ:Hǎo, wǒ fù zé duō méi tǐ tiáo shì hé PPT fàng yìng。

Wáng míng:Nà zán men jiù kāi shǐ ba!

(Huì yì kāi shǐ)

Sū tí yǎ:Gè wèi lǐng dǎo、tóng shì men dà jiā hǎo!Jīn tiān yóu wǒ xiàng dà jiā jiè shào wǒ men tuán duì xīn kāi fā de yí gè lǚ yóu chǎn pǐn xiàng mù。

Lǐ jīng lǐ:Hǎo de, qǐng kāi shǐ ba。

Sū tí yǎ:Yóu yú mù qián gāi chǎn pǐn hái méi yǒu què dìng míng chēng, wèi le fāng biàn jiè shào, wǒ men zàn qiě bǎ tā chēng zuò "nóng jiā lè tǐ yàn liǎng rì yóu".

Xiǎo lǐ: Zhǐ yǒu liǎng tiān ma? Zhè hé wǒ men zhī qián zuò guò de lǚ yóu xiàng mù bù tóng.

Sū tí yǎ: Duì, wǒ men zhī qián de lǚ yóu chǎn pǐn dōu shì wèi xiǎng qù bù tóng dì diǎn yóu wán de wài guó yóu kè shè jì de, xíng chéng yuē 4~9 tiān. Zhè cì wǒ men tuī chū de liǎng rì yóu, zhǐ gù dìng zài yí gè dì diǎn, dàn huì bǐ qián zhě yǒu gèng shēn kè de lǚ yóu tǐ yàn.

Xiǎo chén: Jù tǐ yǒu shén me nèi róng ne?

Sū tí yǎ: Wǒ men xuǎn qǔ chén xī nóng chǎng zuò wéi mù dì dì, wài guó yóu kè lái dào zhè lǐ néng gòu tǐ yàn dāng dì de zhēn shí shēng huó. Shàng wǔ dào dá hòu, yóu kè men kě zài cài yuán lǐ zhāi yì xiē xǐ huan chī de shū guǒ, dā pèi shàng wǒ men tí gōng de ròu lèi, jiāo yóu chú shī zhì zuò chéng běn dì měi shí zuò wéi wǔ cān; xià wǔ yóu kè men kě yǐ zì yóu huó dòng, huò qù nóng chǎng qí tā dì fāng zhuàn zhuan, tǐ yàn yì xiē qīng sōng de nóng huó, yě kě yǐ qù shì chǎng shàng xuǎn gòu xīn xiān de běn dì shí cái, wǎn cān yóu yóu kè men zì jǐ pēng rèn; wǎn shang, yóu kè men huì zài nóng chǎng tí gōng de kè fáng nèi xiū xi. Dì èr tiān shàng wǔ, nóng chǎng wèi yóu kè tí gōng le dāng dì de tè sè zǎo cān, dà jiā chī wán zǎo cān hòu kě yǐ zài fù jìn zǒu zǒu guàng guang, zhōng wǔ shí jié shù xíng chéng fǎn huí.

Xiǎo chén: Tīng qǐ lái gǎn jué fēi cháng yǒu yì si!

Lǐ jīng lǐ: Zhè ge xiàng mù hěn xīn yǐng, dàn bù zhī dào wài guó yóu kè duì zhè zhǒng lǚ yóu xíng shì shì fǒu gǎn xìng qù.

Xiǎo lǐ: Wǒ men shì chǎng bù jiē xià lái huì zuò xiāng yìng de shì chǎng diào yán.

Sū tí yǎ: Méi cuò, jiē xià lái wǒ men hái xū yào qù shì chǎng shàng liǎo jiě wài guó yóu kè men duì zhè ge xiàng mù de kàn fǎ, duō wèn wen tā men de yì jiàn.

Xiǎo lǐ、Xiǎo chén: Nà xīn xiàng mù dà gài dìng jià duō shǎo?

Sū tí yǎ: Jià gé xū yào zuò wán shì chǎng diào yán hòu cái néng què dìng. Cǐ wài, hòu qī wǒ men zài tuī xiāo xīn xiàng mù shí huì jiā dà guǎng gào xuān chuán, yě huì shè jì yì xiē cù xiāo huó dòng xī yǐn gù kè.

Lǐ jīng lǐ: Nà jiē xià lái de gōng zuò xū yào wǒ men shì chǎng bù de tóng shì lái gēn jìn, qǐng zuò yí fèn xiáng xì de shì chǎng diào yán bào gào. Duì le, zhè ge xīn xiàng mù hái méi yǒu míng zi, qǐng dà jiā jí sī guǎng yì, tǎo lùn yí xià jiào shén me míng zi bǐ jiào hé shì ba!

第四章　我们的新产品

 生词 New words

1. 座牌　zuò pái　　　　　　　【名】　seating card
2. 议程　yì chéng　　　　　　　【名】　agenda
3. 客房　kè fáng　　　　　　　【名】　guest room
4. 新颖　xīn yǐng　　　　　　　【形】　novel
5. 调研　diào yán　　　　　　　【名】　investigation
6. 集思广益　jí sī guǎng yì　　　draw on the wisdom of the masses
7. 召开　zhào kāi　　　　　　　【动】　convoke
8. 暂且　zàn qiě　　　　　　　　　　　 for the moment
9. 定价　dìng jià　　　　　　　【动】　price
10. 促销　cù xiāo　　　　　　　【名】　promotion

 语法 Grammar

此外（cǐ wài）——连词，意思是除此之外，指除了此前所说的事物或情况之外的新东西。

（1）超市里有新鲜的蔬菜水果，**此外**还有一些日用品和小家电。
（2）我们要认真听讲，**此外**，还要积极完成作业。
（3）骑自行车是一种很好的运动，**此外**，还不污染空气。

 练习 Exercises

1. 请用本课生词填空（Fill in the blanks with the new words in this lesson）

| 召开 | 议程 | 暂且 | 调研 |
| 定价 | 促销 | 新颖 | |

（1）每逢节日前夕，为了刺激消费，商场都会有_____活动。

（2）这是个新兴产业，为了更好地了解它，公司需要做_____工作。

（3）此次会议共有多少项_____？

（4）影响产品_____的因素有很多，比如采购成本、期望利润、市场供求比等。

（5）在没有完全了解事情原委的情况下，_____不发表评论。

（6）这部电影的构思非常_____，不落俗套。

（7）年末了，公司决定_____总结大会，回顾一年的工作。

2. 用括号中的词语完成句子（Complete the sentences with the words in the brackets）

（1）A：布置会场一般需要准备些什么东西？

B：_____。（座牌）

（2）这个项目很有特色，_____。（新颖）

（3）为了把产品推销出去，需要_____。（集思广益）

3. 下面括号中的词语应该放在什么地方（Where should the words in the brackets be placed）

（1）我 A 吃了很多东西，B 吃不下了。（已经）

（2）冬季用地暖 A 太干燥了，嗓子 B 总是不舒服，不然 C 关了吧。（实在）

（3）列车 A 到站，我们 B 出发吧。（即将）

（4）野生动物园 A 很远，B 要么 C 不去了吧。（还是）

（5）这个设计非常新颖，A 太有意思了 B！（简直）

4. 句型练习（Sentence exercises）

（1）请用"此外"造句，回答下面的问题。

准备和布置会议需要做些什么？

_____。

（2）请用表示先后顺序的五个关联词造句，回答下面的问题。

介绍产品时可从哪些方面着手？

_____。

（3）请用"有助于……"造句，回答下面的问题。

为什么要做市场调查？

_____。

（4）请用"优势在于……"造句，回答下面的问题。

"横向比较"有什么好处？

_____。

（5）请用"集思广益"造句，回答下面的问题。

请给新项目想一个合适的名字。

_____。

应用课文 Practical reading

PPT 重点内容的呈现

为了更好地在 PPT 中呈现重点内容和有效展示产品的设计要点，力求与客户达成合作，我们可以从以下几方面着手。

（1）PPT 首页用显眼的字体或颜色突出所要展示的产品，直接表明主题，并可附上图片达到一目了然的效果。

（2）在具体介绍产品前，将主要内容以目录的方式呈现，让受众知道接下来会了解什么内容。目录是最简洁、快速让他人获取重点的方式。

（3）根据目录顺序，在接下来的页面中，把梳理出来的重点逐一介绍。注意：PPT 上的字不宜过多，只需将涉及产品的特色、优势方面列出来，这样才能让人从视觉上抓住关键。

（4）善于运用图片、数字、图表等丰富文本的形式，可以采用树形图或思维导图的方式来呈现。

（5）在介绍时，除了阐述自己产品的优点，还可与同类产品进行横向比较，将自己产品相较于其他产品的特色或优势写入 PPT。

（6）新产品介绍完毕后，为了吸引客户或市场，可在 PPT 的最后部分展示新品优惠或促销活动。

商务汉语

PPT zhòng diǎn nèi róng de chéng xiàn

　　Wèi le gèng hǎo de zài PPT zhōng chéng xiàn zhòng diǎn nèi róng hé yǒu xiào zhǎn shì chǎn pǐn de shè jì yào diǎn, lì qiú yǔ kè hù dá chéng hé zuò, wǒ men kě yǐ cóng yǐ xià jǐ fāng miàn zhuó shǒu。

　　（1）PPT shǒu yè yòng xiǎn yǎn de zì tǐ huò yán sè tū chū suǒ yào zhǎn shì de chǎn pǐn, zhí jiē biāo míng zhǔ tí, bìng kě fù shàng tú piàn dá dào yí mù liǎo rán de xiào guǒ。

　　（2）Zài jù tǐ jiè shào chǎn pǐn qián, jiāng zhǔ yào nèi róng yǐ mù lù de fāng shì chéng xiàn, ràng shòu zhòng zhī dào jiē xià lái huì liǎo jiě shén me nèi róng。Mù lù shì zuì jiǎn jié、kuài sù ràng tā rén huò qǔ zhòng diǎn de fāng shì。

　　（3）Gēn jù mù lù shùn xù, zài jiē xià lái de yè miàn zhōng, bǎ shū lǐ chū lái de zhòng diǎn zhú yī jiè shào。Zhù yì：PPT shàng de zì bù yí guò duō, zhǐ xū jiāng shè jí chǎn pǐn de tè sè、yōu shì fāng miàn liè chū lái, zhè yàng cái néng ràng rén cóng shì jué shàng zhuā zhù guān jiàn。

　　（4）Shàn yú yùn yòng tú piàn、shù zì、tú biǎo děng fēng fù wén běn de xíng shì, kě yǐ cǎi yòng shù xíng tú huò sī wéi dǎo tú de fāng shì lái chéng xiàn。

　　（5）Zài jiè shào shí, chú le chǎn shù zì jǐ chǎn pǐn de yōu diǎn, hái kě yǔ tóng lèi chǎn pǐn jìn xíng héng xiàng bǐ jiào, jiāng zì jǐ chǎn pǐn xiāng jiào yú qí tā chǎn pǐn de tè sè huò yōu shì xiě rù PPT。

　　（6）Xīn chǎn pǐn jiè shào wán bì hòu, wèi le xī yǐn kè hù huò shì chǎng, kě zài PPT de zuì hòu bù fen zhǎn shì xīn pǐn yōu huì huò cù xiāo huó dòng。

生词 New words

1. 涉及　shè jí　　　　　　　【动】　involve
2. 力求　lì qiú　　　　　　　【动】　strive to
3. 一目了然　yí mù liǎo rán　　　　stick out a mile
4. 受众　shòu zhòng　　　　　【名】　audience
5. 阐述　chǎn shù　　　　　　【动】　elaborate
6. 横向比较　héng xiàng bǐ jiào　　horizontal comparison

语法 Grammar

一、"能""可以"的用法（The use of the word "能" and "可以"）

"能""可以"是能愿动词，表达在情理、环境、条件上的许可。

（1）价格需要做完市场调研后才**能**确定。
（2）为了让活动更有趣，我们**可以**增加一些游戏和互动环节。
（3）这里**能**抽烟吗？

二、"除了……，还……"的用法（The use of the phrase "除了……，还……"）

"除了……，还……"表示除了指出的以外，还有别的。

（1）**除了**介绍自己产品的优点，**还**可与同类产品进行横向比较。
（2）小王每天**除了**要上课学习，**还**得帮爸妈做一些家务。
（3）楼下超市**除了**卖日用品，**还**出售好吃的零食和快餐。

三、动词"去"引导的连动句的用法（The use of the word "去" in verbs）

在动词谓语句中，几个动词或动词短语连用，并有同一主语，这样的句子叫作连动句。在口语中，"去"后面的宾语经常省略。

（1）接下来我们会**去**市场上了解顾客对这个产品的看法。
（2）下午有个部门会议，我们一起**去**准备座牌吧。
（3）我们**去**看电影吧。

四、时间词作状语的用法（The use of temporal adverbials）

时间词作状语，可以放在主语前，也可以放在主语后。

（1）游客**上午**到达。
（2）**下午**游客会去农场转转。
（3）大家**晚上**七点吃饭。

练习 Exercises

1. 请用本课生词造句（Make sentences with the new words below）

（1）涉及：

　　_____。

（2）力求：

　　_____。

（3）一目了然：

　　_____。

（4）受众：

　　_____。

（5）阐述：

　　_____。

2. 句型练习（Sentence exercises）

（1）请用能愿动词造句，回答下面的问题。
在介绍产品时，横向比较的好处是什么？

　　_____。

（2）请用"除了……，还……"造句，回答下面的问题。
制作 PPT 时，有哪些方法可以摆脱单调的纯文字，丰富它的形式？

　　_____。

（3）请用"去"引导的连动句这一结构造句。
例：他去（餐馆）吃饭。

　　_____。

（4）请用"晚上"和"看电影"造句（注意时间状语的位置）。

　　_____。

（5）请使用"一目了然"一词造句，回答下面的问题。
PPT 的目录有什么作用？

　　_____。

3. 将下列词语组成句子（Make sentences with the following words）

（1）考试　准备　的　下周　汉语

　　_____。

(2) 不喜欢 爱好 听音乐 踢足球

_____。

(3) 以后 不抽烟 决定 再也

_____。

(4) 非常累 但是 虽然 马拉松 坚持

_____。

4. 活动（Activity）

请制作一份关于介绍汉语学习经验的PPT，注意突出重点、详略得当、图文并茂。

5. 写作（Writing）

假设你在电信公司工作，现在需要推销一部款式新颖、功能齐全的新手机，请结合本章所学内容，写一篇70字左右的产品介绍。

职场文化 Workplace culture

推 销 方 式

（1）运用"互联网＋"助力产品推销。

简单地说，"互联网＋"就是把互联网和传统行业结合起来，利用网络平台这一媒介，将互联网与传统行业进行融合，从而对传统行业进行优化升级，为传统行业创造新的发展机会。

除了发宣传单、做横幅等传统的线下宣传方式，我们可以在目前常见的互联网平台（如微信朋友圈、微博、抖音等），对新产品进行线上宣传，借助网络传播面广、转发迅速的优势，让更多人快速地了解该产品。同时，还可开展线上"拼团""限时特惠抢购"等活动，利用价格优势让大家参与产品活动。

（2）FABE推销法。

FABE推销法是非常典型的利益推销法。简单地说，就是在找出顾客最感兴趣的各种特征后，分析这一特征所产生的优点，找出这一优点能够带给顾客的利益，最后提出证据，证实该产品确能给顾客带来这些利益。它通过四个关键环节，极为巧妙地处理好了顾客关心的问题，从而顺利地实现产品的销售。

F代表特征（Features），即产品的特质、特性等最基本功能，以及它是如何用来满足我们的各种需要的。A代表由这些特征所产生的优点（Advantages），即所列的商品特性究竟发挥了什么功能。B代表这一优点能带给顾客的利益（Benefits），即商品的优势带给顾客的好处。E代表证据（Evidence），包括技术报告、顾客来信、报刊文章、照片、示范等。证据具有足够的客观性、权威性、可靠性和可见证性。

（3）一分钟产品介绍公式。

当你想要介绍或推销一款产品时，除了上面提到的运用"互联网＋"或采用"FABE推销法"之外，还可以借鉴"一分钟产品介绍公式"，让自己的介绍更加丰富和完整，即在介绍中包含以下四项关键信息：产品解决了什么问题、提供了什么样的产品或服务、客户是什么样的类型、达成了什么样的客户目标。

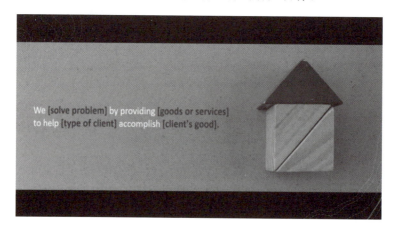

Tuī xiāo fāng shì

(1) Yùn yòng "hù lián wǎng +" zhù lì chǎn pǐn tuī xiāo.

Jiǎn dān de shuō, "hù lián wǎng +" jiù shì bǎ hù lián wǎng hé chuán tǒng háng yè jié hé qǐ lái, lì yòng wǎng luò píng tái zhè yì méi jiè, jiāng hù lián wǎng yǔ chuán tǒng háng yè jìn xíng róng hé, cóng ér duì chuán tǒng háng yè jìn xíng yōu huà shēng jí, wèi chuán tǒng háng yè chuàng zào xīn de fā zhǎn jī huì.

Chú le fā xuān chuán dān, zuò héng fú děng chuán tǒng de xiàn xià xuān chuán fāng shì, wǒ men kě yǐ zài mù qián cháng jiàn de hù lián wǎng píng tái (rú wēi xìn péng yǒu quān, wēi bó, dǒu yīn děng), duì xīn chǎn pǐn jìn xíng xiàn shàng xuān chuán, jiè zhù wǎng luò chuán bō miàn guǎng, zhuǎn fā xùn sù de yōu shì, ràng gèng duō rén kuài sù de liǎo jiě gāi chǎn pǐn. Tóng shí, hái kě kāi zhǎn xiàn shàng "pīn tuán" "xiàn shí tè huì qiǎng gòu" děng huó dòng, lì yòng jià gé yōu shì ràng dà jiā cān yù chǎn pǐn huó dòng.

(2) FABE tuī xiāo fǎ.

FABE tuī xiāo fǎ shì fēi cháng diǎn xíng de lì yì tuī xiāo fǎ. Jiǎn dān de shuō, jiù shì zài zhǎo chū gù kè zuì gǎn xìng qù de gè zhǒng tè zhēng hòu, fēn xī zhè yí tè zhēng suǒ chǎn shēng de yōu diǎn, zhǎo chū zhè yì yōu diǎn néng gòu dài gěi gù kè de lì yì, zuì hòu tí chū zhèng jù, zhèng shí gāi chǎn pǐn què néng gěi gù kè dài lái zhè xiē lì yì. Tā tōng guò sì gè guān jiàn huán jié, jí wéi qiǎo miào de chǔ lǐ hǎo le gù kè guān xīn de wèn tí, cóng ér shùn lì de shí xiàn chǎn pǐn de xiāo shòu.

F dài biǎo tè zhēng (Features), jí chǎn pǐn de tè zhì, tè xìng děng zuì jī běn gōng néng, yǐ jí tā shì rú hé yòng lái mǎn zú wǒ men de gè zhǒng xū yào de. A dài biǎo yóu zhè xiē tè zhēng suǒ chǎn shēng de yōu diǎn (Advantages), jí suǒ liè de shāng pǐn tè xìng jiū jìng fā huī le shén me gōng néng. B dài biǎo zhè yì yōu diǎn néng dài gěi gù kè de lì yì (Benefits), jí shāng pǐn de yōu shì dài gěi gù kè de hǎo chù. E dài biǎo zhèng jù (Evidence), bāo kuò jì shù bào gào, gù kè lái xìn, bào kān wén zhāng, zhào piàn, shì fàn děng. Zhèng jù jù yǒu zú gòu de kè guān xìng, quán wēi xìng, kě kào xìng hé kě jiàn zhèng xìng.

(3) Yì fēn zhōng chǎn pǐn jiè shào gōng shì.

Dāng nǐ xiǎng yào jiè shào huò tuī xiāo yì kuǎn chǎn pǐn shí, chú le shàng miàn tí dào de yùn yòng "hù lián wǎng +" huò cǎi yòng "FABE tuī xiāo fǎ" zhī wài, hái kě yǐ jiè jiàn "yì fēn zhōng chǎn pǐn jiè shào gōng shì", ràng zì jǐ de jiè shào gèng jiā fēng fù hé wán zhěng, jí zài jiè shào zhōng bāo hán yǐ xià sì xiàng guān jiàn xìn xī: chǎn pǐn jiě jué le shén me wèn tí, tí gōng le shén me yàng de chǎn pǐn huò fú wù, kè hù shì shén me yàng de lèi xíng、dá chéng le shén me yàng de kè hù mù biāo。

传统文化 Traditional culture

儒家文化思想

中国文化，博大精深，源远流长。多年来，儒家学说作为中国学说的主流之一，在中华大地上绽放异彩，独领风骚。儒家思想是中国历史上流传时间最长、影响最大的思想，它以思想政治方式为推动中国社会的发展发挥了不可磨灭的作用。在西方，尽管形态不一，但儒家思想还是在产生着积极的影响。也就是说，儒家文化不仅是我国历史上最有影响力的文化之一，而且是能够影响世界的文化，至今在人类文明建设中发挥作用。

儒家思想讲求"和"，追求一种通过对天、地、人的融会贯通而达到的"道"。讲求阴阳变化，追求"中庸"的和谐。不管是孔子的"仁爱"思想，还是孟子的"老吾老以及人之老""天人合一"思想等都在探讨和谐，即人与人的和谐、人与自己内心的和谐、人与自然的和谐。这些思想在全球化的今天对于处理国与国之间的关系都是有益的借鉴。

Rú jiā wén huà sī xiǎng

Zhōng guó wén huà, bó dà jīng shēn, yuán yuǎn liú cháng。Duō nián lái, rú jiā xué shuō zuò wéi zhōng guó xué shuō de zhǔ liú zhī yī, zài zhōng huá dà dì shàng zhàn fàng yì cǎi, dú lǐng fēng sāo。Rú jiā sī xiǎng shì zhōng guó lì shǐ shàng liú chuán shí jiān zuì cháng、yǐng xiǎng zuì dà de sī xiǎng, tā yǐ sī xiǎng zhèng zhì fāng shì wèi tuī dòng zhōng guó shè huì de fā zhǎn fā huī le bù kě mó miè de zuò yòng。Zài xī fāng, jǐn guǎn xíng tài bù yī, dàn rú jiā sī xiǎng hái shì zài chǎn shēng zhe jī jí de yǐng xiǎng。Yě jiù shì shuō, rú jiā wén huà bù jǐn shì wǒ guó lì shǐ shàng zuì yǒu yǐng xiǎng lì de wén huà zhī yī, ér qiě shì néng gòu yǐng xiǎng shì jiè de wén huà, zhì jīn zài rén lèi wén míng jiàn shè zhōng fā huī zuò yòng。

Rú jiā sī xiǎng jiǎng qiú "hé", zhuī qiú yì zhǒng tōng guò duì tiān、dì、rén de róng huì guàn tōng ér dá dào de "dào"。Jiǎng qiú yīn yáng biàn huà, zhuī qiú "zhōng yōng" de hé xié。Bù guǎn shì kǒng zǐ de "rén ài" sī xiǎng, hái shì mèng zǐ de "lǎo wú lǎo yǐ jí rén zhī lǎo" "tiān rén hé yī" sī xiǎng děng dōu zài tàn tǎo hé xié, jí rén yǔ rén de hé xié、rén yǔ zì jǐ nèi xīn de hé xié、rén yǔ zì rán de hé xié。Zhè xiē sī xiǎng zài quán qiú huà de jīn tiān duì yú chǔ lǐ guó yǔ guó zhī jiān de guān xì dōu shì yǒu yì de jiè jiàn。

古诗欣赏 The appreciation of Chinese ancient poetry

_{fēngqiáo yè bó}①
枫桥夜泊
_{táng　zhāng jì}
唐·张继
_{yuè luò wū tí shuāng mǎn tiān}
月落乌啼霜满天，
_{jiāng fēng yú huǒ duì chóu mián}②
江枫渔火对愁眠。
_{gū sū chéng wài hán shān sì}③
姑苏城外寒山寺，
_{yè bàn zhōng shēng dào kè chuán}
夜半钟声到客船。

【作者简介】

张继（约715—779年），字懿孙，襄州（今湖北襄阳）人。唐代诗人，生平事迹不详，与刘长卿为同时代人。他的诗爽朗激越，不事雕琢，比兴幽深，事理双切，对后世颇有影响，但可惜流传下来的不到50首。他最著名的诗是《枫桥夜泊》。

【注释】

①此诗写旅人夜泊枫桥的景象和感受。枫桥：本名"封桥"，因张继诗而相沿为"枫桥"，在今江苏苏州西郊。

②江枫渔火对愁眠：因愁绪而未入眠的人只能与江枫、渔火相对。江枫，江边枫树。

③姑苏：苏州的别称，因城西南有姑苏山而得名。寒山寺：寺在枫桥边，相传因唐朝名僧寒山、拾得曾在此居住而得名。

【Zuò zhě jiǎn jiè】

Zhāng jì (yuē 715—779 nián), zì yì sūn, xiāng zhōu (jīn hú běi xiāng yáng) rén. Táng dài shī rén, shēng píng shì jì bù xiáng, yǔ liú cháng qīng wéi tóng shí dài rén. Tā de shī shuǎng lǎng jī yuè, bú shì diāo zhuó, bǐ xīng yōu shēn, shì lǐ shuāng qiè, duì hòu shì pō yǒu yǐng xiǎng, dàn kě xī liú chuán xià lái de bú dào 50 shǒu. Tā zuì zhù míng de shī shì 《fēng qiáo yè bó》.

【Zhù shì】

①Cǐ shī xiě lǚ rén yè bó fēng qiáo de jǐng xiàng hé gǎn shòu. Fēng qiáo: běn míng "fēng qiáo", yīn zhāng jì shī ér xiāng yán wéi "fēng qiáo", zài jīn jiāng sū sū zhōu xī jiāo.

②Jiāng fēng yú huǒ duì chóu mián: yīn chóu xù ér wèi rù mián de rén zhǐ néng yǔ jiāng fēng、yú huǒ xiāng duì。Jiāng fēng, jiāng biān fēng shù。

③Gū sū: sū zhōu de bié chēng, yīn chéng xī nán yǒu gū sū shān ér dé míng。Hán shān sì: sì zài fēng qiáo biān, xiāng chuán yīn táng cháo míng sēng hán shān、shí dé céng zài cǐ jū zhù ér dé míng。

第五章 发送邮件

背景介绍 Background

人物介绍：李美琳（老挝公司）和王子丰（中国公司）
地点：老挝公司和中国公司
职业思考：
1. 双方就达成合作通过邮件沟通。
2. 邮件的接收和合同的拟定。

基本课文 Dialogue

收发邮件

邮件发送（Send an email）
尊敬的老挝公司国际事务部部长：
　　您好！
　　我是中国公司国际事务部的小王。

遵我部周部长指示,将我们的国际合作合同和长期合作意向书以邮件的形式发送给您,烦请您过目审核,尤其需要注意的是合同中涉及的数量、金额、包装要求、交货时间、验收标准和付款方式等项目。

凡是合同中有任何遗漏或者不合适的地方都可以以邮件的形式向我司指出,以便我司修改。

望得到您的回复,谢谢!

中国公司国际事务部
王子丰

邮件回复(Reply an email)

中国公司国际事务部王子丰先生:

您好!

我是老挝公司国际事务部的李美琳。我们已收到您发送的合同和意向书,经过研讨,我们存在以下几点疑问,望得到贵司的回答。

(1)关于交付日期。文件上写的是"在收到广告制作标准后,不晚于三个月交付,如因卖方交付时间延误造成买方的损失,买方有权提出申诉和赔偿",这是不是说如果有新的广告需求,我们依旧需要经过"制作—审核—修改—定稿"的程序,最终将定稿在三个月之内提交给贵公司。

(2)关于付款。文件中写的是"在交付定稿以后,不晚于广告播出时间,如果超出该时间,卖方有权向买方提出付款执行",这里是否能够明确一下广告播出前的具体时间,如一个月或者七天。

(3)另外,我部文部长建议在意向书中增加这样一句话:今后双方每季度应举行一次会谈,利用季度会谈来解决合同执行中可能发生的问题。

以上是我方的疑问,望得到贵司的回复。谢谢!

老挝公司国际事务部
李美琳

邮件回复(Reply an email)

老挝公司国际事务部李美琳女士:

您好!

已收到贵公司的回复。

根据贵公司提出的疑问,我司已将合同再次修改完善。具体问题请贵公司利用随邮附送的新合同再次研讨。

如果没有问题,烦请贵公司回复,并附上贵公司的来华日期,我司将根据日期安排好所有关于考察和签约仪式的事宜。

期待与贵公司的长期合作。盼望您的回复。谢谢!

中国公司国际事务部
王子丰

Shōu fā yóu jiàn

Yóu jiàn fā sòng

Zūn jìng de lǎo wō gōng sī guó jì shì wù bù bù zhǎng:

　　Nín hǎo!

　　Wǒ shì zhōng guó gōng sī guó jì shì wù bù de xiǎo wáng。

　　Zūn wǒ bù zhōu bù zhǎng zhǐ shì, jiāng wǒ men de guó jì hé zuò hé tong hé cháng qī hé zuò yì xiàng shū yǐ yóu jiàn de xíng shì fā sòng gěi nín, fán qǐng nín guò mù shěn hé, yóu qí xū yào zhù yì de shì hé tong zhōng shè jí de shù liàng、jīn é、bāo zhuāng yāo qiú、jiāo huò shí jiān、yàn shōu biāo zhǔn hé fù kuǎn fāng shì děng xiàng mù。

　　Fán shì hé tong zhōng yǒu rèn hé yí lòu huò zhě bù hé shì de dì fāng dōu kě yǐ yǐ yóu jiàn de xíng shì xiàng wǒ sī zhǐ chū, yǐ biàn wǒ sī xiū gǎi。

　　Wàng dé dào nín de huí fù, xiè xie!

Zhōng guó gōng sī guó jì shì wù bù
Wáng zǐ fēng

Yóu jiàn huí fù

Zhōng guó gōng sī guó jì shì wù bù wáng zǐ fēng xiān shēng:

　　Nín hǎo!

　　Wǒ shì lǎo wō gōng sī guó jì shì wù bù de lǐ měi lín。Wǒ men yǐ shōu dào nín fā sòng de hé tong hé yì xiàng shū, jīng guò yán tǎo, wǒ men cún zài yǐ xià jǐ diǎn yí wèn, wàng dé dào guì sī de huí dá。

　　（1）Guān yú jiāo fù rì qī。Wén jiàn shàng xiě de shì "zài shōu dào guǎng gào zhì zuò biāo zhǔn hòu, bù wǎn yú sān gè yuè jiāo fù, rú yīn mài fāng jiāo fù shí jiān yán wù zào chéng mǎi fāng de sǔn shī, mǎi fāng yǒu quán tí chū shēn sù hé péi cháng", zhè shì bú shì shuō rú guǒ yǒu xīn de guǎng gào xū qiú, wǒ men yī jiù xū yào jīng guò "zhì zuò—shěn hé—xiū gǎi—dìng gǎo" de chéng xù, zuì zhōng jiāng dìng gǎo zài sān gè yuè zhī nèi tí jiāo gěi guì gōng sī。

　　（2）Guān yú fù kuǎn。Wén jiàn zhōng xiě de shì "Zài jiāo fù dìng gǎo yǐ hòu, bù wǎn yú guǎng gào bō chū shí jiān, rú guǒ chāo chū gāi shí jiān, mài fāng yǒu quán xiàng mǎi fāng tí chū fù kuǎn zhí xíng", zhè lǐ shì fǒu néng gòu míng què yí xià guǎng gào bō chū qián de jù tǐ shí jiān, rú yí gè yuè huò zhě qī tiān。

　　（3）Lìng wài, wǒ bù wén bù zhǎng jiàn yì zài yì xiàng shū zhōng zēng jiā zhè yàng yí jù huà: jīn hòu shuāng fāng měi jì dù yīng jǔ xíng yí cì huì tán, lì yòng jì dù huì tán lái jiě jué hé tong zhí xíng zhōng kě néng fā shēng de wèn tí。

Yǐ shàng shì wǒ fāng de yí wèn, wàng dé dào guì sī de huí fù。Xiè xie!

Lǎo wō gōng sī guó jì shì wù bù

Lǐ měi lín

Yóu jiàn huí fù

Lǎo wō gōng sī guó jì shì wù bù lǐ měi lín nǚ shì:

Nín hǎo!

Yǐ shōu dào guì gōng sī de huí fù。

Gēn jù guì gōng sī tí chū de yí wèn, wǒ sī yǐ jiāng hé tong zài cì xiū gǎi wán shàn。Jù tǐ wèn tí qǐng guì gōng sī lì yòng suí yóu fù sòng de xīn hé tong zài cì yán tǎo。

Rú guǒ méi yǒu wèn tí, fán qǐng guì gōng sī huí fù, bìng fù shàng guì gōng sī de lái huá rì qī, wǒ sī jiāng gēn jù rì qī ān pái hǎo suǒ yǒu guān yú kǎo chá hé qiān yuē yí shì de shì yí。

Qī dài yǔ guì gōng sī de cháng qī hé zuò。Pàn wàng nín de huí fù。Xiè xie!

Zhōng guó gōng sī guó jì shì wù bù

Wáng zǐ fēng

生词 New words

1.	金额	jīn é	【名】	amount of money
2.	包装	bāo zhuāng	【名】	pack
3.	标准	biāo zhǔn	【名】	standard
4.	遗漏	yí lòu	【动】	omit
5.	交付	jiāo fù	【动】	delivery
6.	程序	chéng xù	【名】	procedure
7.	季度	jì dù	【名】	quarter (of a year)
8.	执行	zhí xíng	【动】	carry out
9.	签约	qiān yuē	【动】	sign a contract
10.	盼望	pàn wàng	【动】	expect

第五章　发送邮件

 语法 Grammar

一、"根据"的用法（The use of the word "根据"）

"根据"起承上启下的作用，为所发生的事提供依据、原因等。

> （1）**根据**树的年轮可以推算出它的年龄。
> （2）这篇作文不限定范围，可以**根据**自己的生活经历随便写。
> （3）科学家**根据**太阳、地球和月球的运行规律，可以准确地推算出日食和月食的时间。

二、"不是……就是……"的用法（The use of the phrase "不是……就是……"）

"不是……就是……"是一个选择关系的复句。

> （1）每到周末，他**不是**在家看电视，**就是**在学校踢足球。
> （2）小王总是很忙，每天**不是**在办公室工作，**就是**在出差。
> （3）学习就像逆水行舟，**不是**前进**就是**后退。

三、"关于"的用法（The use of the word "关于"）

"关于"，介词，有以下两种用法：①引进某种行为的关系者，组成介词结构作状语；②引进某种事物的关系者，组成介词结构作定语（后面要加"的"）。

> （1）**关于**这个问题，上级已经做了指示。
> （2）他读了几本**关于**哲学的书。
> （3）今天开了一个**关于**学校扩建的会。

 练习 Exercises

1. 用中文解释以下生词的意思并造句（Word explanation in Chinese and then make sentences with each of the word）

例：旅游：到其他地方去玩，去看风景，去体验目的地的生活。

— 77 —

造句：我把每次出差当作旅游。

（1）洽谈：

_____。

（2）合作：

_____。

（3）到访：

_____。

（4）深度：

_____。

（5）终稿：

_____。

（6）约定：

_____。

（7）利索：

_____。

（8）涉及：

_____。

（9）遗漏：

_____。

（10）季度：

_____。

2．句型练习（Sentence exercises）

（1）请用"根据……"回答下面的问题。

①你认为这份合同的内容是怎么确定的？

_____。

②你认为我们是因为什么修订合同的？

_____。

③老挝公司的广告为什么要在三个月之内交付定稿？

_____。

④我们怎么才能知道每个季度合同执行中出现的问题？

_____。

（2）请用"不是……就是……"回答下面的问题。

①我们的合同交给法务部了吗？

_____。

②我们的合同什么时候能审核通过？

_____。

③你给老挝公司发送邮件了吗？
_____。
④老挝公司给我们回复邮件了吗？
_____。

（3）请用"关于……"回答下面的问题。
①请问你拿的是什么小册子？（提示：中国公司的介绍）
_____。
②你对这份合同还有什么疑问吗？（提示：交付时间）
_____。
③明天和老挝公司签的是什么合同？（提示：广告代理）
_____。
④你发给我的邮件里是什么文件？（提示：老挝公司的来华日程）
_____。

3. 根据课文内容回答问题（Please answer the following questions according to the dialogue）

（1）中国公司和老挝公司将要签订的是什么文件？
_____。
（2）中方法务部审核合同是为了什么？
_____。
（3）中方是通过什么方式把合同给了老挝方？
_____。
（4）中方最后在合同增加了老挝方提出的什么内容？
_____。
（5）老挝方为什么提出双方要一个季度举行一次会谈？
_____。
（6）老挝方对于修改过的合同还有疑问吗？
_____。
（7）中国与老挝双方公司有可能长期合作吗？
_____。

4. 活动（Activity）

（1）合同中一般会标明"不可抗力"，请通过网络查询"不可抗力"的含义，并且写出哪些是符合不可抗力的因素。

（2）法务部审核合同通常是为了避免出现争议，尤其是跨国合同因涉及不同语言，在这一方面需要更加注意。请上网查阅在中国和老挝，外资企业如果遇到争议，有哪些解决的途径？

应用课文 Practical reading

合同范本：

广告代理合同（范本）

甲方：_____   乙方：_____

经甲乙双方充分协商，同意订立区域代理合同，条款如下：

一、甲方同意将_____网的_____区域代理权，在本合同条件下授给乙方。

二、区域代理的期限为_____年，即从_____年_____月_____日起至_____年_____月_____日止。合同期满，甲乙双方愿意续约，须在合同期满前_____月协商续签合同。在同等条件下，乙方具有取得该区域代理的优先权。

三、乙方取得区域代理权，必须履行如下承诺：

1. 乙方取得区域代理的第一年，必须完成_____条/月的广告业务。第二年_____条/月以上，以后每年完成条数以_____％的速度递增。

2. 设立专门机构部门，专职人员开展推广销售工作。

四、运作形式与结算：乙方将广告内容（图片及简介）以电子邮件形式、服务费以电汇形式传给甲方，甲方收到服务费用后上传广告内容。如需甲方开具发票，乙方取代理范围内总费用的_____％，如不需甲方开具发票，乙方取代理范围内总费用的_____％，其余为汇给甲方的服务费。

五、甲方的权利和义务：

1. 及时为乙方上传广告内容。

2. 为乙方提供适当的广告宣传。

六、乙方的权利和义务：

1. 积极、迅速建立本区域的销售网点，对本代理区域实行统一市场体系、价格体系的管理。

2. 负责在本区域推广中国广告网，做好售后服务工作。

3. 服务价格按网上公布的全国统一价。

七、如有下列情况之一者，甲方有权收回代理权。

1. 乙方没有完全履行本合同相关内容。

2. 其他违约行为。

八、本合同一式二份，甲乙双方各执一份，本合同经甲乙双方签字盖章之日起生效。

九、补充条款

1. 本合同管辖权属_____市人民法院。

2. 从本合同生效开始，甲方给予乙方_____个月的考察期，如乙方未完成全年量的_____％，则甲方有权取消乙方的代理权。

甲方：_____   乙方：_____

法人（授权）代表：_____   法人（授权）代表：_____

电话：_____   电话：_____

意向书范本：

合作意向书

甲方：_____   乙方：_____

双方于_____年_____月_____日在_____地，对建立合资企业事宜进行了初步协商，达成意向如下：

一、甲、乙两方愿以合资或合作的形式建立合资企业，暂定名为_____公司。建设期为_____年，即从_____年—_____年全部建成。双方意向书签订后，即向各方有关上级申请批准，批准的时限为_____个月，即_____年_____月_____日—_____年_____月_____日完成。然后由_____办理合资企业开业申请。

二、总投资_____万元。_____部分投资_____万元；_____部分投资_____万元。

甲方投资_____万元（以工厂现有厂房、水电设施现有设备等折款投入）；

乙方投资_____万元（购买设备）。

三、利润分配：各方按投资比例或协商比例分配。

四、合资企业生产能力。

五、合资企业自营出口或委托有关进出口公司代理出口，价格由合资企业定。

六、合资年限为_____年，即_____年_____月—_____年_____月。

七、合资企业其他事宜按《中外合资法》有关规定执行。

八、双方将在各方上级批准后，再行具体协商有关合资事宜。

本意向书一式两份。作为备忘录，各执一份备查。

甲方：（盖章）   乙方：（盖章）

法人代表：   法人代表：

年 月 日   年 月 日

Hé tong fàn běn：

Guǎng gào dài lǐ hé tong（fàn běn）

Jiǎ fāng：_____   Yǐ fāng：_____

Jīng jiǎ yǐ shuāng fāng chōng fèn xié shāng, tóng yì dìng lì qū yù dài lǐ hé tong, tiáo kuǎn rú xià：

Yī、Jiǎ fāng tóng yì jiāng _____ wǎng de _____ qū yù dài lǐ quán, zài běn hé tong tiáo jiàn xià shòu gěi yǐ fāng.

Èr、Qū yù dài lǐ de qī xiàn wéi _____ nián, jí cóng _____ nián _____ yuè _____ rì qǐ zhì _____ nián _____ yuè _____ rì zhǐ. Hé tong qī mǎn, jiǎ yǐ shuāng fāng yuàn yì xù yuē, xū zài hé tong qī mǎn qián _____ yuè xié shāng xù qiān hé tong.

Zài tóng děng tiáo jiàn xià, yǐ fāng jù yǒu qǔ dé gāi qū yù dài lǐ de yōu xiān quán.

Sān、Yǐ fāng qǔ dé qū yù dài lǐ quán, bì xū lǚ xíng rú xià chéng nuò:

1. Yǐ fāng qǔ dé qū yù dài lǐ de dì yī nián, bì xū wán chéng _____ tiáo / yuè de guǎng gào yè wù. Dì èr nián _____ tiáo / yuè yǐ shàng, yǐ hòu měi nián wán chéng tiáo shù yǐ _____ % de sù dù dì zēng.

2. Shè lì zhuān mén jī gòu bù mén, zhuān zhí rén yuán kāi zhǎn tuī guǎng xiāo shòu gōng zuò.

Sì、Yùn zuò xíng shì yǔ jié suàn: yǐ fāng jiāng guǎng gào nèi róng (tú piàn jí jiǎn jiè) yǐ diàn zǐ yóu jiàn xíng shì, fú wù fèi yǐ diàn huì xíng shì chuán gěi jiǎ fāng, jiǎ fāng shōu dào fú wù fèi yòng hòu shàng chuán guǎng gào nèi róng. Rú xū jiǎ fāng kāi jù fā piào, yǐ fāng qǔ dài lǐ fàn wéi nèi zǒng fèi yòng de _____ %, rú bù xū jiǎ fāng kāi jù fā piào, yǐ fāng qǔ dài lǐ fàn wéi nèi zǒng fèi yòng de _____ %, qí yú wéi huì gěi jiǎ fāng de fú wù fèi.

Wǔ、Jiǎ fāng de quán lì hé yì wù:

1. Jí shí wèi yǐ fāng shàng chuán guǎng gào nèi róng.

2. Wèi yǐ fāng tí gōng shì dàng de guǎng gào xuān chuán.

Liù、Yǐ fāng de quán lì hé yì wù:

1. Jī jí, xùn sù jiàn lì běn qū yù de xiāo shòu wǎng diǎn, duì běn dài lǐ qū yù shí xíng tǒng yī shì chǎng tǐ xì, jià gé tǐ xì de guǎn lǐ.

2. Fù zé zài běn qū yù tuī guǎng zhōng guó guǎng gào wǎng, zuò hǎo shòu hòu fú wù gōng zuò.

3. Fú wù jià gé àn wǎng shàng gōng bù de quán guó tǒng yī jià.

Qī、Rú yǒu xià liè qíng kuàng zhī yī zhě, jiǎ fāng yǒu quán shōu huí dài lǐ quán.

1. Yǐ fāng méi yǒu wán quán lǚ xíng běn hé tong xiāng guān nèi róng.

2. Qí tā wéi yuē xíng wéi.

Bā、Běn hé tong yí shì èr fèn, jiǎ yǐ shuāng fāng gè zhí yí fèn, běn hé tong jīng jiǎ yǐ shuāng fāng qiān zì gài zhāng zhī rì qǐ shēng xiào.

Jiǔ、Bǔ chōng tiáo kuǎn:

1. Běn hé tong guǎn xiá quán shǔ _____ shì rén mín fǎ yuàn.

2. Cóng běn hé tong shēng xiào kāi shǐ, jiǎ fāng jǐ yǔ yǐ fāng _____ gè yuè de kǎo chá qī, rú yǐ fāng wèi wán chéng quán nián liàng de _____ %, zé jiǎ fāng yǒu quán qǔ xiāo yǐ fāng de dài lǐ quán.

Jiǎ fāng: _____   Yǐ fāng: _____

Fǎ rén (shòu quán) dài biǎo: Fǎ rén (shòu quán) dài biǎo:

_____   _____

Diàn huà: _____   Diàn huà: _____

Yì xiàng shū fàn běn:

Hé zuò yì xiàng shū

Jiǎ fāng: _____   Yǐ fāng: _____

Shuāng fāng yú _____ nián _____ yuè _____ rì zài _____ dì, duì jiàn lì hé zī qǐ yè shì yí jìn xíng le chū bù xié shāng, dá chéng yì xiàng rú xià:

Yī, Jiǎ, Yǐ liǎng fāng yuàn yǐ hé zī huò hé zuò de xíng shì jiàn lì hé zī qǐ yè, zàn dìng míng wéi _____ gōng sī. Jiàn shè qī wéi _____ nián, jí cóng _____ nián—_____ nián quán bù jiàn chéng. Shuāng fāng yì xiàng shū qiān dìng hòu, jí xiàng gè fāng yǒu guān shàng jí shēn qǐng pī zhǔn, pī zhǔn de shí xiàn wéi _____ gè yuè, jí _____ nián _____ yuè _____ rì—_____ nián _____ yuè _____ rì wán chéng. Rán hòu yóu _____ bàn lǐ hé zī qǐ yè kāi yè shēn qǐng.

Èr, Zǒng tóu zī _____ wàn yuán. _____ bù fen tóu zī _____ wàn yuán; _____ bù fen tóu zī _____ wàn yuán.

Jiǎ fāng tóu zī _____ wàn yuán (yǐ gōng chǎng xiàn yǒu chǎng fáng, shuǐ diàn shè shī xiàn yǒu shè bèi děng zhé kuǎn tóu rù);

Yǐ fāng tóu zī _____ wàn yuán (gòu mǎi shè bèi).

Sān, Lì rùn fēn pèi: Gè fāng àn tóu zī bǐ lì huò xié shāng bǐ lì fēn pèi.

Sì, Hé zī qǐ yè shēng chǎn néng lì.

Wǔ, Hé zī qǐ yè zì yíng chū kǒu huò wěi tuō yǒu guān jìn chū kǒu gōng sī dài lǐ chū kǒu, jià gé yóu hé zī qǐ yè dìng.

Liù, Hé zī nián xiàn wéi _____ nián, jí _____ nián _____ yuè yī _____ nián _____ yuè.

Qī, Hé zī qǐ yè qí tā shì yí àn《zhōng wài hé zī fǎ》yǒu guān guī dìng zhí xíng.

Bā, Shuāng fāng jiāng zài gè fāng shàng jí pī zhǔn hòu, zài xíng jù tǐ xié shāng yǒu guān hé zī shì yí.

Běn yì xiàng shū yí shì liǎng fèn. Zuò wéi bèi wàng lù, gè zhí yī fèn bèi chá.

Jiǎ fāng: (Gài zhāng)   Yǐ fāng: (Gài zhāng)

Fǎ rén dài biǎo: Fǎ rén dài biǎo:

Nián yuè rì   Nián yuè rì

生词 New words

1. 合同   hé tong   【名】   contract

2. 范本　fàn běn　　　　　　【名】　template
3. 协商　xié shāng　　　　　【动】　negotiate
4. 区域　qū yù　　　　　　　【名】　region; area
5. 代理　dài lǐ　　　　　　　【动】　agent
6. 条款　tiáo kuǎn　　　　　【名】　item; term
7. 期限　qī xiàn　　　　　　【名】　time limit
8. 续约　xù yuē　　　　　　【动】　extend a contract
9. 承诺　chéng nuò　　　　 【动】　promise
10. 履行　lǚ xíng　　　　　　【动】　fulfill
11. 管辖权　guǎn xiá quán　　【名】　right of competency
12. 事宜　shì yí　　　　　　　【名】　affair
13. 合资　hé zī　　　　　　　【动】　invest jointly
14. 委托　wěi tuō　　　　　　【动】　entrust
15. 备忘录　bèi wàng lù　　　【名】　memo

语法 Grammar

一、"从……到（至）……止"的用法（The use of the phrase "从……到（至）……止"）

（1）从上课开始起，**到**下课为**止**，千万不要开小差。
（2）从出生起，**到**终老**止**，人生轨迹的进程永不停歇。

二、"以……"的用法（The use of the word "以……"）

（1）我们要**以**大局为重，不要贪图蝇头小利而损害集体的利益。
（2）我们要**以**好好学习的同学为榜样，努力学好功课。
（3）汉朝时**以**瘦为美，唐朝时**以**丰满为美，所以有环肥燕瘦的说法。

第五章　发送邮件

 练习 Exercises

1. 用中文解释以下生词的意思并造句（Word explanation in Chinese and then make sentences with each of the word）

例：旅游：到其他地方去玩，去看风景，去体验目的地的生活。

造句：我把每次出差当作旅游。

（1）续约：

_____。

（2）履行：

_____。

（3）委托：

_____。

（4）协商：

_____。

（5）区域：

_____。

2. 句型练习（Sentense exercises）

（1）请用"从……到（至）……止"造句。

_____。

_____。

_____。

（2）请用"以……"造句。

_____。

_____。

_____。

3. 写作（Writing）

将同学们分为两组，分别扮演中国公司和老挝公司，将课文中的"邮件联系"变成"双方会谈"。根据课文提供的信息，合理猜测出合同内容，并将会谈表演出来。最后写出双方的《广告代理合同》和《长期合作意向书》。

职场文化 Workplace culture

高效沟通与协作

高效沟通是指在组织中及时、准确地传达信息，以促进各方之间的理解和合作。协作是指在工作中与他人配合、共同完成任务的过程。以下是高效沟通与协作的一些技巧。

①高效沟通方面：明确沟通目标、准备充分、简洁明了、确认理解和反馈。

②协作方面：建立共同目标、分配任务和责任、加强团队互动和协作、及时给予支持和帮助。

③时间管理：时间管理是指在有限的时间内，合理地安排工作，以达到高效完成任务的目的。

④制订计划：制订详细的工作计划，包括优先级、时间表和任务分配。

⑤集中精力：避免分散注意力，集中精力完成一项任务。

⑥优先级排序：将任务按照优先级排序，先完成重要任务。

⑦避免拖延：及时开始任务，避免拖延造成时间紧张。

Gāo xiào gōu tōng yǔ xié zuò

Gāo xiào gōu tōng shì zhǐ zài zǔ zhī zhōng jí shí、zhǔn què de chuán dá xìn xī, yǐ cù jìn gè fāng zhī jiān de lǐ jiě hé hé zuò。Xié zuò shì zhǐ zài gōng zuò zhōng yǔ tā rén pèi hé、gòng tóng wán chéng rèn wù de guò chéng。Yǐ xià shì gāo xiào gōu tōng yǔ xié zuò de yì xiē jì qiǎo。

①Gāo xiào gōu tōng fāng miàn：Míng què gōu tōng mù biāo、zhǔn bèi chōng fèn、jiǎn jié míng liǎo、què rèn lǐ jiě hé fǎn kuì。

②Xié zuò fāng miàn：Jiàn lì gòng tóng mù biāo、fēn pèi rèn wù hé zé rèn、jiā qiáng tuán duì hù dòng hé xié zuò、jí shí jǐ yǔ zhī chí hé bāng zhù。

③Shí jiān guǎn lǐ：Shí jiān guǎn lǐ shì zhǐ zài yǒu xiàn de shí jiān nèi, hé lǐ de ān pái gōng zuò, yǐ dá dào gāo xiào wán chéng rèn wù de mù dì。

④Zhì dìng jì huà：Zhì dìng xiáng xì de gōng zuò jì huà, bāo kuò yōu xiān jí、shí jiān biǎo hé rèn wù fēn pèi。

⑤Jí zhōng jīng lì: Bì miǎn fēn sàn zhù yì lì, jí zhōng jīng lì wán chéng yí xiàng rèn wù.

⑥Yōu xiān jí pái xù: Jiāng rèn wù àn zhào yōu xiān jí pái xù, xiān wán chéng zhòng yào rèn wù.

⑦Bì miǎn tuō yán: Jí shí kāi shǐ rèn wù, bì miǎn tuō yán zào chéng shí jiān jǐn zhāng.

传统文化 Traditional culture

中国传统民族音乐

中国传统民族音乐是用中国传统乐器以独奏、合奏形式演奏出来的。中国传统民族音乐有着庞大的体系和深刻的文化内涵，包括十大古曲、各种传统乐器、各具特色的民族歌曲、民族舞蹈音乐等。

中国传统民族音乐有着悠久的发展历史，在岁月积淀和总结中形成了专属于自己民族的音乐特色。从西周开始民间就流行吹笙、吹竽、鼓瑟、击筑、弹琴等器乐演奏形式，那时涌现了师涓、师旷等琴家和著名琴曲《高山》和《流水》等。秦汉时期的鼓吹乐，魏晋时期的清商乐，隋唐时期的琵琶音乐，宋代的细乐、清乐，元明时期的十番锣鼓、弦索等，形式丰富多样。

俞伯牙摔琴谢知音，嵇康临刑前弹奏绝唱广陵散，白居易诗中描绘"犹抱琵琶半遮面"，中国古代的音乐总是与文学联系在一起，总是带有那么一些诗意的内涵。

中国民族音乐一般分为五大类，即民歌、民间歌舞音乐、说唱音乐、戏曲音乐和器乐。每类音乐又各有多种体裁、形式、乐种和作品，如民歌中又分劳动号子、山歌、小调、长歌及多声部歌曲等不同的类别；同是山歌，又因地区、民族的不同而风格迥异，各具特点。

中国许多古曲，不仅旋律优美，曲子背后还有动人的故事和深刻的道理，例如《高山》《流水》《春江花月夜》等。1977年8月，美国发射的"航行者"号卫星，将管平湖先生演奏的古琴曲《流水》，录入喷金的世界名曲唱片中，使中国古琴曲第一次响彻太空。此唱片至今仍在太空循环播放，寻找知音。

Zhōng guó chuán tǒng mín zú yīn yuè

Zhōng guó chuán tǒng mín zú yīn yuè shì yòng zhōng guó chuán tǒng yuè qì yǐ dú zòu、hé zòu xíng shì yǎn zòu chū lái de。Zhōng guó chuán tǒng mín zú yīn yuè yǒu zhe páng dà de tǐ xì hé shēn kè de wén huà nèi hán, bāo kuò shí dà gǔ qǔ、gè zhǒng chuán tǒng yuè qì、gè jù tè sè de mín zú gē qǔ、mín zú wǔ dǎo yīn yuè děng。

Zhōng guó chuán tǒng mín zú yīn yuè yǒu zhe yōu jiǔ de fā zhǎn lì shǐ, zài suì yuè jī diàn hé zǒng jié zhōng xíng chéng le zhuān shǔ yú zì jǐ mín zú de yīn yuè tè sè。Cóng xī zhōu kāi shǐ mín jiān jiù liú xíng chuī shēng、chuī yú、gǔ sè、jī zhù、tán qín děng qì yuè yǎn zòu xíng shì, nà shí yǒng xiàn le shī juān、shī kuàng děng qín jiā hé zhù míng qín qǔ《gāo shān》hé《liú shuǐ》děng。Qín hàn shí qī de gǔ chuī yuè,wèi jìn shí qī de qīng shāng yuè, suí táng shí qī de pí pá yīn yuè, sòng dài de xì yuè、qīng yuè, yuán míng shí qī de shí fān luó gǔ、xián suǒ děng, xíng shì fēng fù duō yàng。

Yú bó yá shuāi qín xiè zhī yīn, jī kāng lín xíng qián tán zòu jué chàng guǎng líng sàn, bái jū yì shī zhōng miáo huì "yóu bào pí pa bàn zhē miàn", zhōng guó gǔ dài de yīn yuè zǒng shì yǔ wén xué lián xì zài yì qǐ, zǒng shì dài yǒu nà me yì xiē shī yì de nèi hán。

Zhōng guó mín zú yīn yuè yì bān fēn wéi wǔ dà lèi, jí mín gē、mín jiān gē wǔ yīn yuè、shuō chàng yīn yuè、xì qǔ yīn yuè hé qì yuè。Měi lèi yīn yuè yòu gè yǒu duō zhǒng tǐ cái、xíng shì、yuè zhǒng hé zuò pǐn, rú mín gē zhōng yòu fēn láo dòng hào zi、shān gē、xiǎo diào、cháng gē jí duō shēng bù gē qǔ děng bù tóng de lèi bié; Tóng shì shān gē, yòu yīn dì qū、mín zú de bù tóng ér fēng gé jiǒng yì, gè jù tè diǎn。

Zhōng guó xǔ duō gǔ qǔ, bù jǐn xuán lǜ yōu měi, qǔ zi bèi hòu hái yǒu dòng rén de gù shi hé shēn kè de dào lǐ。Lì rú《gāo shān》《liú shuǐ》《chūn jiāng huā yuè yè》děng。1977 nián 8 yuè, měi guó fā shè de "háng xíng zhě" hào wèi xīng, jiāng guǎn píng hú xiān sheng yǎn zòu de gǔ qín qǔ《liú shuǐ》, lù rù pēn jīn de shì jiè míng qǔ chàng piàn zhōng, shǐ zhōng guó gǔ qín qǔ dì yī cì xiǎng chè tài kōng。Cǐ chàng piàn zhì jīn réng zài tài kōng xún huán bō fàng, xún zhǎo zhī yīn。

古诗欣赏 The appreciation of Chinese ancient poetry

fù dé gǔ yuán cǎo sòng bié ①
赋得古原草送别

táng bái jū yì
唐·白居易

lí lí yuán shàng cǎo② yí suì yī kū róng
离离原上草 ，一岁一枯荣。

yě huǒ shāo bú jìn chūn fēng chuī yòu shēng
野火烧不尽，春风吹又生。

yuǎn fāng qīn gǔ dào③ qíng cuì jiē huāng chéng④
远芳侵古道 ，晴翠接荒城 。

yòu sòng wáng sūn qù qī qī mǎn bié qíng⑤
又送王孙去，萋萋满别情 。

【作者简介】

白居易(772—846年),字乐天,号香山居士,又号醉吟先生。是唐代伟大的现实主义诗人,唐代三大诗人之一。白居易与元稹共同倡导新乐府运动,世称"元白",与刘禹锡并称"刘白"。

白居易的诗歌题材广泛,形式多样,语言平易通俗,有"诗魔"和"诗王"之称。官至翰林学士、左赞善大夫。公元846年,白居易在洛阳逝世,葬于香山。有《白氏长庆集》传世,代表诗作有《长恨歌》《卖炭翁》《琵琶行》等。

【注释】

①此诗以咏草写离情,并蕴含生命不止的感悟。据说此诗为白居易十六岁时所作。但此说仅为传闻,并不可靠。

②离离:形容草茂盛。

③远芳:草香远播。芳:野草浓郁的香气。

④晴翠:草原明丽翠绿。

⑤"又送"二句:化用《楚辞·招隐士》中"王孙游兮不归,春草生兮萋萋"之意。王孙,指远方的友人。萋萋,形容草茂盛。

【Zuò zhě jiǎn jiè】

Bái jū yì (772—846 nián), zì lè tiān, hào xiāng shān jū shì, yòu hào zuì yín xiān sheng. Shì táng dài wěi dà de xiàn shí zhǔ yì shī rén, táng dài sān dà shī rén zhī yī. Bái jū yì yǔ yuán zhěn gòng tóng chàng dǎo xīn yuè fǔ yùn dòng, shì chēng "yuán bái", yǔ liú yǔ xī bìng chēng "liú bái".

Bái jū yì de shī gē tí cái guǎng fàn, xíng shì duō yàng, yǔ yán píng yì tōng sú, yǒu "shī mó" hé "shī wáng" zhī chēng. Guān zhì hàn lín xué shì、zuǒ zàn shàn dài fu. Gōng yuán 846 nián, bái jū yì zài luò yáng shì shì, zàng yú xiāng shān. Yǒu 《bái shì cháng qìng jí》 chuán shì, dài biǎo shī zuò yǒu 《cháng hèn gē》《mài tàn wēng》《pí pá xíng》 děng.

【Zhù shì】

①Cǐ shī yǐ yǒng cǎo xiě lí qíng, bìng yùn hán shēng mìng bù zhǐ de gǎn wù. Jù shuō cǐ shī wéi bái jū yì shí liù suì shí suǒ zuò. Dàn cǐ shuō jǐn wéi chuán wén, bìng bù kě kào.

②Lí lí: xíng róng cǎo mào shèng.

③Yuǎn fāng: cǎo xiāng yuǎn bō. Fāng: yě cǎo nóng yù de xiāng qì.

④Qíng cuì: cǎo yuán míng lì cuì lǜ.

⑤"Yòu sòng" èr jù: huà yòng《chǔ cí · zhāo yǐn shì》zhōng "wáng sūn yóu xī bù guī, chūn cǎo shēng xī qī qī" zhī yì. Wáng sūn, zhǐ yuǎn fāng de yǒu rén. Qī qī, xíng róng cǎo mào shèng.

第六章　见　客　户

背景介绍 Background

人物介绍：陈总（商务人士）、苏缇雅（合作方接待员）

地点：机场

职业思考：

1. 基本的商务礼仪。
2. 景点介绍——准备要去游览的景点简介。
3. 熟悉会议资料，方便自己在接待过程中从容面对提问。

基本课文一 Dialogue one

接 待 客 户

（苏缇雅在机场接陈总）

苏缇雅：陈总，您好！我是今天负责来接您的苏缇雅，欢迎您来到中国，来到贵州。

陈总：苏缇雅你好，谢谢你，这是我第一次到贵州。

苏缇雅：欢迎欢迎。您的行李都在这里了吗？

陈总：是的，就是这些了。

苏缇雅：出租车已经在出口处等待。请走这边，我帮您提行李吧。

陈总：行李不重，我自己提吧。谢谢！过关的时间比较长，很抱歉让你久等了。

苏缇雅：没关系。您的旅途顺利吗？您现在一定很累吧。

陈总：很顺利。谢谢你的关心。

苏缇雅：出租车就在这里，那么我们现在去花园酒店吧，到酒店以后，您可以先办理入住，稍微休息一下，晚一点我再带您到会场彩排。

陈总：好的，辛苦你了。

第六章 见 客 户

Jiē dài kè hù

(Sū tí yǎ zài jī chǎng jiē chén zǒng)

Sū tí yǎ: Chén zǒng, nín hǎo! Wǒ shì jīn tiān fù zé lái jiē nín de sū tí yǎ, huān yíng nín lái dào zhōng guó, lái dào guì zhōu.

Chén zǒng: Sū tí yǎ nǐ hǎo, xiè xie nǐ, zhè shì wǒ dì yī cì dào guì zhōu.

Sū tí yǎ: Huān yíng huān yíng. Nín de xíng lǐ dōu zài zhè lǐ le ma?

Chén zǒng: Shì de, jiù shì zhè xiē le.

Sū tí yǎ: Chū zū chē yǐ jīng zài chū kǒu chù děng dài. Qǐng zǒu zhè biān, wǒ bāng nín tí xíng lǐ ba.

Chén zǒng: Xíng lǐ bú zhòng, wǒ zì jǐ tí ba. Xiè xie! Guò guān de shí jiān bǐ jiào cháng, hěn bào qiàn ràng nǐ jiǔ děng le.

Sū tí yǎ: Méi guān xi. Nín de lǚ tú shùn lì ma? Nín xiàn zài yí dìng hěn lèi ba.

Chén zǒng: Hěn shùn lì. Xiè xie nǐ de guān xīn.

Sū tí yǎ: Chū zū chē jiù zài zhè lǐ, nà me wǒ men xiàn zài qù huā yuán jiǔ diàn ba, dào jiǔ diàn yǐ hòu, nín kě yǐ xiān bàn lǐ rù zhù, shāo wēi xiū xī yí xià, wǎn yì diǎn wǒ zài dài nín dào huì chǎng cǎi pái.

Chén zǒng: Hǎo de, xīn kǔ nǐ le.

生词 New words

1. 出口　chū kǒu　　　　　【名】　exit
2. 欢迎　huān yíng　　　　【动】　welcome
3. 负责　fù zé　　　　　　【名】　be responsible for
4. 抱歉　bào qiàn　　　　　【形】　sorry
5. 旅途　lǚ tú　　　　　　【名】　journey
6. 彩排　cǎi pái　　　　　【动】　rehearse

语法 Grammar

一、"……还好吗"的用法（The use of the word "……还好吗"）

"……还好吗"表出于关心和问候的目的，用以表达对他人的关切和希望了解对方的近况。

（1）你现在**还好吗**？
（2）大卫今天**还好吗**？
（3）最近过得**还好吗**？

二、"如何"的用法（The use of the word "如何"）

"如何"意为怎么；怎么样。

（1）您今天去医院检查的结果**如何**？
（2）小王这次的考试成绩**如何**？
（3）刚才被吓到了，现在大卫的情绪**如何**？

三、"相仿"的用法（The use of the word "相仿"）

相仿，形容词，意为大致相同，相差不多，相似。

第六章 见 客 户

(1) 我们年龄**相仿**。
(2) 小王和小李的家境**相仿**。
(3) 咖啡提神的功效和茶**相仿**。

 练习 Exercises

1. 请用本课生词填空（Fill in the blanks with the new words in this lesson）

出口　　欢迎　　负责
抱歉　　旅途　　彩排

(1) ＿＿＿＿＿并不是一帆风顺的。
(2) 他对这件事一点不＿＿＿＿＿，只是敷衍了事罢了。
(3) 地道的＿＿＿＿＿在隐秘的地方。
(4) 同学们热烈鼓掌，对新来的老师表示＿＿＿＿＿。
(5) 人生只有现场直播，没有＿＿＿＿＿。
(6) "我错怪了你，对不起！"他＿＿＿＿＿地说。

2. 看句子，判断正误（Look at the sentence and judge whether it is true or false）
(1) 小王是今天接待陈先生的司机。　　　　　　　　（　）
(2) 他们坐公司的车去酒店。　　　　　　　　　　　（　）
(3) 陈总住的是花园酒店。　　　　　　　　　　　　（　）
(4) 到酒店后，陈先生需要立刻去彩排。　　　　　　（　）
(5) 陈总以前来过贵州。　　　　　　　　　　　　　（　）

基本课文二 Dialogue two

与客户交谈

（苏缇雅和陈总在出租车上攀谈）
苏缇雅：陈总，这是您第一次来中国吗？
陈总：不是的，我常来中国。但这是我第一次来贵阳。
苏缇雅：您觉得贵阳给您的印象如何？

陈总：这是一个精致、舒适的城市，听说贵阳还有很多美食，很期待可以品尝一下。

苏缇雅：谢谢您的喜欢，有机会一定带您慢慢品尝一下这里的美食。

陈总：我们入住的酒店是在市中心吗？

苏缇雅：我们为您预定的酒店在新开发区，虽然离市中心有二十分钟的车程，但是酒店紧邻湿地公园，那里很安静、温馨。

陈总：太好了！我比较喜欢清静的住宿环境。

苏缇雅：陈总，这是一份我们为您安排的行程表，请过目。如果有不合适的地方，您可以提出来，我会尽量协调修改。

陈总：好的，谢谢，我看一下，请稍等。

苏缇雅：好的，不着急。

陈总：安排得挺周到的，就是这儿，你看看能不能空出半天时间，我想去贵阳周边转一转。

苏缇雅：好的，没问题！我尽量去协商一下。

陈总：谢谢你！真的很周到。

苏缇雅：您到时候是想去哪里转一转呢？我可以给您安排一下行程。

陈总：来到贵阳是不是一定要到黄果树瀑布看一看呀？你还有什么推荐的地方吗？

苏缇雅：如果时间充裕，黄果树瀑布是一定要去的，周围还有龙宫、天星桥景区，可以一起游览。如果想选择城市近郊的话，可以去青岩古镇看看，那里也可以品尝到很多当地的美食。

陈总：好的，谢谢你的推荐，我根据时间考虑考虑。

Yǔ kè hù jiāo tán

(Sū tí yǎ hé chén zǒng zài chū zū chē shàng pān tán)

Sū tí yǎ: Chén zǒng, zhè shì nín dì yī cì lái zhōng guó ma?

Chén zǒng: Bú shì de, wǒ cháng lái zhōng guó. Dàn zhè shì wǒ dì yī cì lái guì yáng.

Sū tí yǎ: Nín jué de guì yáng gěi nín de yìn xiàng rú hé?

Chén zǒng: Zhè shì yí gè jīng zhì、shū shì de chéng shì, tīng shuō guì yáng hái yǒu hěn duō měi shí, hěn qī dài kě yǐ pǐn cháng yí xià.

Sū tí yǎ: Xiè xie nín de xǐ huan, yǒu jī huì yí dìng dài nín màn màn pǐn cháng yí xià zhè lǐ de měi shí.

Chén zǒng: Wǒ men rù zhù de jiǔ diàn shì zài shì zhōng xīn ma?

Sū tí yǎ: Wǒ men wéi nín yù dìng de jiǔ diàn zài xīn kāi fā qū, suī rán lí shì zhōng xīn yǒu èr shí fēn zhōng de chē chéng, dàn shì jiǔ diàn jǐn lín shī dì gōng yuán, nà lǐ hěn ān jìng、wēn xīn.

商务汉语

Chén zǒng: Tài hǎo le! wǒ bǐ jiào xǐ huan qīng jìng de zhù sù huán jìng.

Sū tí yǎ: Chén zǒng, zhè shì yí fèn wǒ men wèi nín ān pái de xíng chéng biǎo, qǐng guò mù. Rú guǒ yǒu bù hé shì de dì fang, nín kě yǐ tí chū lái, wǒ huì jìn liàng xié tiáo xiū gǎi.

Chén zǒng: Hǎo de, xiè xie, wǒ kàn yí xià, qǐng shāo děng.

Sū tí yǎ: Hǎo de, bù zháo jí.

Chén zǒng: Ān pái de tǐng zhōu dào de, jiù shì zhèr, nǐ kàn kàn néng bù néng kòng chū bàn tiān shí jiān, wǒ xiǎng qù guì yáng zhōu biān zhuàn yi zhuàn.

Sū tí yǎ: Hǎo de, méi wèn tí! Wǒ jìn liàng qù xié shāng yí xià.

Chén zǒng: Xiè xie nǐ! Zhēn de hěn zhōu dào.

Sū tí yǎ: Nín dào shí hou shì xiǎng qù nǎ lǐ zhuàn yi zhuàn ne? Wǒ kě yǐ gěi nín ān pái yí xià xíng chéng.

Chén zǒng: Lái dào guì yáng shì bú shì yí dìng yào dào huáng guǒ shù pù bù kàn yi kàn ya? Nǐ hái yǒu shén me tuī jiàn de dì fang ma?

Sū tí yǎ: Rú guǒ shí jiān chōng yù, huáng guǒ shù pù bù shì yí dìng yào qù de, zhōu wéi hái yǒu lóng gōng、tiān xīng qiáo jǐng qū, kě yǐ yì qǐ yóu lǎn. Rú guǒ xiǎng xuǎn zé chéng shì jìn jiāo de huà, kě yǐ qù qīng yán gǔ zhèn kàn kàn, nà lǐ yě kě yǐ pǐn cháng dào hěn duō dāng dì de měi shí.

Chén zǒng: Hǎo de, xiè xie nǐ de tuī jiàn, wǒ gēn jù shí jiān kǎo lǜ kǎo lǜ.

生词 New words

1.	攀谈 pān tán	【动】	chat
2.	精致 jīng zhì	【形】	exquisite
3.	舒适 shū shì	【形】	comfortable
4.	美食 měi shí	【名】	cuisine
5.	紧邻 jǐn lín	【动】	be next to
6.	安静 ān jìng	【形】	quiet
7.	温馨 wēn xīn	【形】	cozy
8.	行程表 xíng chéng biǎo	【名】	schedule
9.	周到 zhōu dào	【形】	considerate

第六章　见　客　户

 语法 Grammar

一、"……一下"的用法（The use of the word "……一下"）

（1）贵阳还有很多美食，很期待可以品尝**一下**。
（2）我看**一下**，请稍等。
（3）我尽量去协商**一下**。

二、"到时候"的用法（The use of the word "到时候"）

到时候就是一个含蓄委婉的说法，是等到做某件事或见到某人的时候，一般这种说法在熟悉的人或亲人之间使用。但在做约定或谈判时最好不要使用，因为其时间概念很模糊，不果断。到时候也可指特定的时间，解释为到了某时段或时间才拿出主意或解决办法（方案）。

（1）我们一定要好好学习，不要给自己留下太多的遗憾。**到时候**，可是没有后悔药吃的。
（2）他透露，自己的副手很快也会跟大家宣布，大概下星期会做决定，**到时候**大家就会知道。
（3）请你放心，**到时候**我必定来接你。

 练习 Exercises

1. 看句子，判断正误（Look at the sentence and judge whether it is true or false）
（1）陈总第一次来中国。　　　　　　　　　　　　　　　（　　）
（2）陈总对贵阳的印象很好。　　　　　　　　　　　　　（　　）
（3）陈总吃过很多贵州美食。　　　　　　　　　　　　　（　　）
（4）他们入住的酒店在市中心。　　　　　　　　　　　　（　　）
（5）陈总对时间表没有意见。　　　　　　　　　　　　　（　　）

2. 根据课文内容回答问题（Please answer the following questions according to the dialogue）

（1）陈总来贵阳，对什么感兴趣？

　　_____。

（2）陈总入住的酒店是什么样的？

　　_____。

（3）在贵阳附近旅游，一定要去那些地方？

　　_____。

应用课文 Practical reading

谈判座次排列礼仪

举行正式谈判时，有关各方在谈判现场具体就座的位次，是谈判的一项重要内容，具有严格的礼仪要求。双边谈判的座次排列，主要有两种形式：一是横桌式（见图一），指谈判桌在谈判室内横放，客方人员面门而坐，主方人员背门而坐。除双方主谈者居中就座外，各方的其他人士应依其具体身份的高低，各自先右后左、自高而低地分别在己方一侧就座。双方主谈者的右侧之位，在国内谈判中可坐副手，而在涉外谈判中应由译员就座。二是竖桌式（见图二），指谈判桌在谈判室内竖放。具体排位时以进门时的方向为准，右侧由客方人士就座，左侧则由主方人士就座。在其他方面，与横桌式排座相仿。

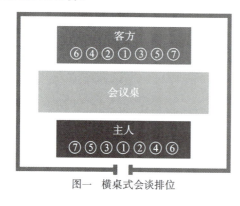

图一　横桌式会谈排位

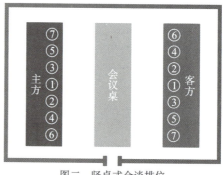

图二　竖桌式会谈排位

Tán pàn zuò cì pái liè lǐ yí

Jǔ xíng zhèng shì tán pàn shí, yǒu guān gè fāng zài tán pàn xiàn chǎng jù tǐ jiù zuò de wèi cì, shì tán pàn de yí xiàng zhòng yào nèi róng, jù yǒu yán gé de lǐ yí yāo qiú. Shuāng biān tán pàn de zuò cì pái liè, zhǔ yào yǒu liǎng zhǒng xíng shì:

Yī shì héng zhuō shì (jiàn tú yī), zhǐ tán pàn zhuō zài tán pàn shì nèi héng fàng, kè fāng rén yuán miàn mén ér zuò, zhǔ fāng rén yuán bèi mén ér zuò. Chú shuāng fāng zhǔ tán zhě jū zhōng jiù zuò wài, gè fāng de qí tā rén shì yīng yī qí jù tǐ shēn fèn de gāo dī, gè zì xiān yòu hòu zuò、zì gāo ér dī de fēn bié zài jǐ fāng yí cè jiù zuò. Shuāng fāng zhǔ tán zhě de yòu cè zhī wèi, zài guó nèi tán pàn zhōng kě zuò fù shǒu, ér zài shè wài tán pàn zhōng yīng yóu yì yuán jiù zuò. èr shì shù zhuō shì (jiàn tú èr), zhǐ tán pàn zhuō zài tán pàn shì nèi shù fàng. Jù tǐ pái wèi shí yǐ jìn mén shí de fāng xiàng wéi zhǔn, yòu cè yóu kè fāng rén shì jiù zuò, zuǒ cè zé yóu zhǔ fāng rén shì jiù zuò. Zài qí tā fāng miàn, yǔ héng zhuō shì pái zuò xiāng fǎng.

生词 New words

1. 排列　　pái liè　　　　　　【动】　rank
2. 座次　　zuò cì　　　　　　【名】　order of seats
3. 横桌式　héng zhuō shì　　　【名】　horizontal table
4. 竖桌式　shù zhuō shì　　　【名】　vertical table
5. 面门　　miàn mén　　　　　【名】　face the door
6. 背门　　bèi mén　　　　　　【名】　back to the door
7. 居中　　jū zhōng　　　　　【名】　middle
8. 则　　　zé　　　　　　　　【介】　then
9. 就座　　jiù zuò　　　　　　【动】　be seated

语法 Grammar

一、"而"的用法（The use of the word "而"）

"而"可用于连接动词、形容词或词组、分句等。有"到"的意思：一～再，再～三；由秋～冬；由南～北。把表示时间、方式、目的、原因、依据等的成分与动词连接。

"而"用在主语谓语中间，有"如果"的意思。

(1) 一辆银灰色的小轿车从我身边飞驰**而**过。
(2) 我们不能只顾学习**而**忽视了身体健康。
(3) 对于他的胡作非为，人们敢怒**而**不敢言。
(4) 要互相协助，**而**不要不舞之鹤。

二、"其他方面"的用法（The use of the word "其他方面"）

(1) 他爱吵闹，但在**其他方面**却是个好孩子。
(2) 汤姆有点粗心，但在**其他方面**特别适合这个职位？
(3) 世界还是很公平的，一方面给予的偏少，就会在**其他方面**做补偿。

练习 Exercises

1. 将下列词语组成句子（Make sentences with the following words）

(1) 欢迎　这里　来到

_____。

(2) 久等　抱歉　让您

_____。

(3) 时间表　修改　协调

_____。

(4) 时间充裕　游览　值得

_____。

(5) 礼仪　重要　座次

_____。

2. 请用本课生词填空（Fill in the blanks with the new words in this lesson）

　　　　　排列　　就座　　居中　　座次　　则

(1) 中午过后，大厅的数百个位子已座无虚席，后来者只好到楼上艺廊_____。
(2) _____而坐的，是一个红脸老者，鹤发童颜。
(3) 小街两旁，卖百货的摊子鳞次栉比地_____着。
(4) 要竞争，就得参与，不然_____是临渊羡鱼，夺冠拿奖只是空想。
(5) 根据他们的业绩表现，公司决定重新排列_____，以激励员工之间的良性竞争。

3. 排列顺序（Sort order）

（1）A. 正是这种缘分使我们相聚在一起。

B. 俗话说得好"有缘千里来相会"。

C. 希望大家在此玩得开心愉快。

_____。

（2）A. 不论是休闲度假，或是商务出行。

B. 欢迎入住。

C. 我们都将以细致入微的服务，让您尽享生活的便捷。

_____。

（3）A. 它是人们在长期共同生活和相互交往中逐渐形成。

B. 并且以风俗、习惯和传统等方式固定下来。

C. 礼仪是人类为维系社会正常生活而要求人们共同遵守的最起码的道德规范。

_____。

4. 写作（Writing）

根据本课的两篇对话，写一篇70字的作文，复述对话内容。

职场文化 Workplace culture

自我营销与职业发展

自我营销是指个人在职业发展中通过展示自己的能力和成果，提升自己在组织和社会中的影响力和价值的过程。职业发展是指个人在职业生涯中不断成长和发展，追求更高的职业目标和成就的过程。

在职场中，不断学习和掌握一些小技巧可以让你更加游刃有余地应对各种工作挑战。职业发展是指个人在职业发展中设定的目标、计划和行动，以达到自我实现和职业成功。职业规划的意义在于帮助你明确自己的职业方向和目标，制订可行的计划，并采取积极的行动来实现这些目标。

Zì wǒ yíng xiāo yǔ zhí yè fā zhǎn

Zì wǒ yíng xiāo shì zhǐ gè rén zài zhí yè fā zhǎn zhōng tōng guó zhǎn shì zì jǐ de néng lì hé chéng guǒ, tí shēng zì jǐ zài zǔ zhī hé shè huì zhōng de yǐng xiǎng lì hé jià zhí de guó chéng. Zhí yè fā zhǎn shì zhǐ gè rén zài zhí yè shēng yá zhōng bú duàn chéng zhǎng hé fā zhǎn, zhuī qiú gèng gāo de zhí yè mù biāo hé chéng jiù de guó chéng.

Zài zhí chǎng zhōng, bú duàn xué xí hé zhǎng wò yì xiē xiǎo jì qiǎo kě yǐ ràng nǐ gèng jiā yòu rèn yǒu yú de yìng duì gè zhǒng gōng zuò tiǎo zhàn. Zhí yè fā zhǎn shì zhǐ gè rén zài zhí yè fā zhǎn zhōng shè dìng de mù biāo、jì huà hé xíng dòng, yǐ dá dào zì wǒ shí xiàn hé zhí yè chéng gōng. Zhí yè guī huà de yì yì zài yú bāng zhù nǐ míng què zì jǐ de zhí yè fāng xiàng hé mù biāo, zhì dìng kě xíng de jì huà, bìng cǎi qǔ jī jí de xíng dòng lái shí xiàn zhè xiē mù biāo.

传统文化 Traditional culture

茶友话茶

中国素有"礼仪之邦"之称,以茶待客、客来敬茶,便是传统文化中待客之道的表现。

茶,中国传统的待客之道!以茶待客,由来已久。其始于魏晋南北朝,盛行于唐宋时期。客来敬茶,随着历史发展为最普遍的待客礼节。中国各地人民日常生活中会有这样的习惯,但凡有客进门,都会邀其饮茶。不论是殷实之家或是寻常人家,莫不以茶待客。

茶,是一种媒介、一种载体,蕴藏着礼仪与用心。客至,依其饮茶状况、喜好等为他选一款合适的茶。例如,对于不常饮茶之客,可用清甜淡雅、接受度广的茶招待,诸如红茶、白茶、茉莉花茶等;而对于茶友、懂茶之人,可选自己喜欢的或是珍藏的茶。茶中六类,各有特色,因人选茶,投其所好,这从本质上体现出主人站在客人的角度考虑,心中有他人。

通常酒席宴会上,若有不胜酒力者可"以茶代酒"以示敬意,亦不失礼节。小至日常家中、办公场所的茶水间、商务性茶空间,大至国际交流以茶款待使者,无不呈现着茶作为一种中国传统文化符号,蕴含着表达礼意的文化内涵,代表着待客的最高礼节。

Chá yǒu huà chá

Zhōng guó sù yǒu "lǐ yí zhī bāng" zhī chēng, yǐ chá dài kè、kè lái jìng chá, biàn shì chuán tǒng wén huà zhōng dài kè zhī dào de biǎo xiàn.

Chá, zhōng guó chuán tǒng de dài kè zhī dào! Yǐ chá dài kè, yóu lái yǐ jiǔ. Qí shǐ yú wèi jìn nán běi cháo, shèng xíng yú táng sòng shí qī. Kè lái jìng chá, suí zhe lì shǐ fā zhǎn wéi zuì pǔ biàn de dài kè lǐ jié. Zhōng guó gè dì rén mín rì cháng shēng huó zhōng huì yǒu zhè yàng de xí guàn, dàn fán yǒu kè jìn mén, dōu huì yāo qí yǐn chá. Bú lùn shì yīn shí zhī jiā huò shì xún cháng rén jiā, mò bù yǐ chá dài kè.

　　Chá, shì yì zhǒng méi jiè、yì zhǒng zài tǐ, yùn cáng zhe lǐ yí yǔ yòng xīn. Kè zhì, yī qí yǐn chá zhuàng kuàng、xǐ hào děng wèi tā xuǎn yì kuǎn hé shì de chá. Lì rú, duì yú bù cháng yǐn chá zhī kè, kě yòng qīng tián dàn yǎ、jiē shòu dù guǎng de chá zhāo dài, zhū rú hóng chá、bái chá、mò lì huā chá děng; Ér duì yú chá yǒu、dǒng chá zhī rén, kě xuǎn zì jǐ xǐ huan de huò shì zhēn cáng de chá. Chá zhōng liù lèi, gè yǒu tè sè, yīn rén xuǎn chá, tóu qí suǒ hào, zhè cóng běn zhì shàng tǐ xiàn chū zhǔ rén zhàn zài kè rén de jiǎo dù kǎo lǜ, xīn zhōng yǒu tā rén.

　　Tōng cháng jiǔ xí yàn huì shàng, ruò yǒu bú shèng jiǔ lì zhě kě "yǐ chá dài jiǔ" yǐ shì jìng yì, yì bù shī lǐ jié. Xiǎo zhì rì cháng jiā zhōng、bàn gōng chǎng suǒ de chá shuǐ jiān、shāng wù xìng chá kōng jiān, dà zhì guó jì jiāo liú yǐ chá kuǎn dài shǐ zhě, wú bù chéng xiàn zhe chá zuò wéi yì zhǒng zhōng guó chuán tǒng wén huà fú hào, yùn hán zhe biǎo dá lǐ yì de wén huà nèi hán, dài biǎo zhe dài kè de zuì gāo lǐ jié.

古诗欣赏 The appreciation of Chinese ancient poetry

guò gù rén zhuāng①
过 故 人 庄

táng　mèng hào rán
唐·孟 浩 然

gù rén jù jī shǔ②　　yāo wǒ zhì tián jiā
故 人 具 鸡 黍　，邀 我 至 田 家。

lù shù cūn biān hé③　　qīng shān guō wài xié④
绿 树 村 边 合　，青 山 郭 外 斜　。

kāi xuān miàn chǎng pǔ⑤　　bǎ jiǔ huà sāng má⑥
开 轩 面 场 圃　，把 酒 话 桑 麻　。

dài dào chóng yáng rì⑦　　huán lái jiù jú huā
待 到 重 阳 日　，还 来 就 菊 花。

【作者简介】

　　孟浩然（689—740 年），字浩然，号孟山人，襄州襄阳（现湖北襄阳）人，世称"孟襄阳"。是唐代著名的山水田园派诗人。

　　孟浩然生于盛唐，早年有志用世，在仕途困顿、痛苦失望后，尚能自重，不媚俗世，以隐士终身。40 岁时，游长安，应进士举不第。曾在太学赋诗，名动公卿，一座倾服，为之搁笔。开元二十五年（737 年）张九龄招至幕府，后隐居。孟诗绝大部分为五言短篇，多写山水田园和隐居的逸兴以及羁旅行役的心情。其中虽不无愤世嫉俗之词，但更多属于诗人的自我表现。

　　孟浩然的诗虽不如王维诗境界广阔，但在艺术上有独特的造诣，故后人把孟浩然与王维并称为"王孟"，有《孟浩然集》三卷传世。

【注释】

①这是一首写农家闲适恬淡情景的田园诗。过：探访。故人：老朋友。

②鸡黍：语出《论语·微子》"杀鸡为黍而食之"，后指农家丰盛的饭菜。

③合：环绕之意。

④郭：外城，指村庄的外墙。

⑤轩：此指窗。场圃：打谷场和菜园。

⑥桑麻：桑树和麻，这里泛指庄稼。

⑦重阳日：指阴历九月九日重阳节，有登高、饮菊花酒之风俗。

【Zuò zhě jiǎn jiè】

Mèng hào rán (689—740 nián), zì hào rán, hào mèng shān rén, xiāng zhōu xiāng yáng (xiàn hú běi xiāng yáng) rén, shì chēng "mèng xiāng yáng". Shì táng dài zhù míng de shān shuǐ tián yuán pài shī rén.

Mèng hào rán shēng yú shèng táng, zǎo nián yǒu zhì yòng shì, zài shì tú kùn dùn、tòng kǔ shī wàng hòu, shàng néng zì zhòng, bú mèi sú shì, yǐ yǐn shì zhōng shēn。40 suì shí, yóu cháng ān, yìng jìn shì jǔ bù dì. Céng zài tài xué fù shī, míng dòng gōng qīng, yí zuò qīng fú, wèi zhī gē bǐ. Kāi yuán èr shí wǔ nián (737 nián) zhāng jiǔ líng zhāo zhì mù fǔ, hòu yǐn jū. Mèng shī jué dà bù fen wéi wǔ yán duǎn piān, duō xiě shān shuǐ tián yuán hé yǐn jū de yì xīng yǐ jí jī lǚ xíng yì de xīn qíng. Qí zhōng suī bù wú fèn shì jí sú zhī cí, dàn gèng duō shǔ yú shī rén de zì wǒ biǎo xiàn.

Mèng hào rán de shī suī bù rú wáng wéi shī jìng jiè guǎng kuò, dàn zài yì shù shàng yǒu dú tè de zào yì, gù hòu rén bǎ mèng hào rán yǔ wáng wéi bìng chēng wéi "wáng mèng", yǒu《Mèng hào rán jí》sān juàn chuán shì.

【Zhù shì】

①Zhè shì yì shǒu xiě nóng jiā xián shì tián dàn qíng jǐng de tián yuán shī. Guò: tàn fǎng. Gù rén: lǎo péng yǒu.

②Jī shǔ: yǔ chū《Lún yǔ·wēi zǐ》"shā jī wéi shǔ ér shí zhī", hòu zhǐ nóng jiā fēng shèng de fàn cài.

③Hé: huán rào zhī yì.

④Guō: wài chéng, zhǐ cūn zhuāng de wài qiáng.

⑤Xuān: cǐ zhǐ chuāng. Cháng pǔ: dǎ gǔ chǎng hé cài yuán.

⑥Sāng má: sāng shù hé má, zhè lǐ fàn zhǐ zhuāng jia.

⑦Chóng yáng rì: zhǐ yīn lì jiǔ yuè jiǔ rì chóng yáng jié, yǒu dēng gāo、yǐn jú huā jiǔ zhī fēng sú.

第七章　酒逢知己千杯少

背景介绍 Background

人物介绍：苏缇雅、李经理（中国公司）、陈总（老挝公司）
地点：公司、酒店
职业思考：
1. 代表公司挑选礼物。
2. 送别时的礼仪。

基本课文 Dialogue

挑 选 礼 物

（办公室，苏缇雅和李经理）

苏缇雅：李经理，您好！我们和老挝公司的项目圆满完成了。客人过两天要离开中国，我想为客人挑选一份礼物，您觉得这个主意怎么样？

李经理：好主意！那就要好好考虑一下，再决定准备什么礼物。

苏缇雅：多彩贵州、爽爽贵阳的好东西太多了，我都想买怎么办？

李经理：知道这么多，一看你就是行家呢。但是送给客人的礼物一定要有特色和代表性。

苏缇雅：好的，我再好好想想，一定让客人满意。

（酒店餐厅，苏缇雅和陈总）

苏缇雅：陈总，这次与贵方的合作能够圆满达成，非常感谢您的支持。我们为您准备了一份礼物，请笑纳。

陈总：茅台酒?！苏缇雅，太谢谢你了！这礼物太贵重了，我不能收，你把它带回去吧，你们的心意我领了。

苏缇雅：陈总，我敬您一杯，酒逢知己千杯少！

陈总：好！我先干为敬，希望我们双方之后的合作会更加愉快，早日把这个项目完成，获取好的收益。

苏缇雅：谢谢陈总，为我们的合作干杯。希望您以后能多多来到贵州旅游！

Tiāo Xuǎn Lǐ Wù

（Bàn gōng shì，sū tí yǎ hé lǐ jīng lǐ）

Sū tí yǎ：Lǐ jīng lǐ, nín hǎo! Wǒ men hé lǎo wō gōng sī de xiàng mù yuán mǎn wán chéng le. Kè rén guò liǎng tiān yào lí kāi zhōng guó, wǒ xiǎng wèi kè rén tiāo xuǎn yí fèn lǐ wù, nín jué de zhè ge zhǔ yi zěn me yàng?

Lǐ jīng lǐ：Hǎo zhǔ yi! Nà jiù yào hǎo hǎo kǎo lǜ yí xià, zài jué dìng zhǔn bèi shén me lǐ wù.

Sū tí yǎ：Duō cǎi guì zhōu、shuǎng shuǎng guì yáng de hǎo dōng xi tài duō le, wǒ dōu xiǎng mǎi zěn me bàn?

Lǐ jīng lǐ：Zhī dào zhè me duō, yí kàn nǐ jiù shì háng jiā ne. Dàn shì sòng gěi kè rén de lǐ wù yí dìng yào yǒu tè sè hé dài biǎo xìng.

Sū tí yǎ：Hǎo de, wǒ zài hǎo hǎo xiǎng xiǎng, yí dìng ràng kè rén mǎn yì.

（Jiǔ diàn cān tīng，Sū tí yǎ hé chén zǒng）

Sū tí yǎ：Chén zǒng, zhè cì yǔ guì fāng de hé zuò néng gòu yuán mǎn dá chéng, fēi cháng gǎn xiè nín de zhī chí. Wǒ men wèi nín zhǔn bèi le yí fèn lǐ wù, qǐng xiào nà.

Chén zǒng：Máo tái jiǔ?! Sū tí yǎ, tài xiè xie nǐ le! Zhè lǐ wù tài guì zhòng le, wǒ bù néng shōu, nǐ bǎ tā dài huí qù ba, nǐ men de xīn yì wǒ lǐng le.

Sū tí yǎ：Chén zǒng, wǒ jìng nín yì bēi, jiǔ féng zhī jǐ qiān bēi shǎo!

第七章　酒逢知己千杯少

Chén zǒng：Hǎo! Wǒ xiān gān wéi jìng, xī wàng wǒ men shuāng fāng zhī hòu de hé zuò huì gèng jiā yú kuài, zǎo rì bǎ zhè ge xiàng mù wán chéng, huò qǔ hǎo de shōu yì.

Sū tí yǎ：Xiè xie chén zǒng, wèi wǒ men de hé zuò gān bēi. Xī wàng nín yǐ hòu néng duō duō lái dào guì zhōu lǚ yóu!

生词 New words

1.	挑选	tiāo xuǎn	【动】	pick；select
2.	圆满	yuán mǎn	【形】	successful
3.	行家	háng jiā	【名】	expert
4.	合作	hé zuò	【动】	cooperate
5.	支持	zhī chí	【动】	support
6.	笑纳	xiào nà	【动】	accept
7.	贵重	guì zhòng	【形】	expensive
8.	收益	shōu yì	【名】	profit
9.	心意	xīn yì	【名】	sincerity

语法 Grammar

一、"就要"的用法（The use of the word "就要"）

"就要"有以下几种含义：①时间接近。②将要，即将开始。③就是要，即使要。常与"也"相呼应，表示假设的让步。④就会；将要。

> （1）**就要**分别了，我心里真舍不得。
> （2）飞机**就要**起飞了。
> （3）我**就要**这本书。
> （4）你再不快点追，**就要**追不上了。

二、"该"的用法（The use of the word "该"）

"该"，助动词，表示应当。

(1) **该**说的一定要说。
(2) 你累了，**该**休息一下了。

三、"对"的用法（The use of the word "对"）

"对"有以下几种含义：
1）动词，表示对待。

(1) 我这是**对**事不**对**人。
(2) 目前的气候**对**小麦的生长很有利。
(3) 这种得寸进尺的人，不必**对**他客气！
(4) 他**对**任何人都热情。

2）形容词，表示正确、正常、相合。

(1) 这话说得很**对**。
(2) 再数一遍，数目不**对**，还差一些。
(3) 他写的汉字都是**对**的。

四、"告别"的用法（The use of the word "告别"）

"告别"，动词，表示离别、辞别。

(1) **告别**母校，我心里非常难过。
(2) 时间紧迫我们只能匆匆**告别**。
(3) 他一步一回头地向大家挥手**告别**。

练习 Exercises

1. 用中文解释以下生词的意思并造句（Word explanation in Chinese and then make sentences with each of the word）

例：旅游：到其他地方去玩，去看风景，去体验目的地的生活。
造句：我把每次出差当作旅游。
(1) 挑选：

_____。

（2）行家：
_____。

（3）合作：
_____。

（4）笑纳：
_____。

（5）心意：
_____。

2. 句型练习（Sentence exercises）

（1）请用"就要"造句。
_____。
_____。
_____。

（2）请用"告别"造句。
_____。
_____。
_____。

应用课文 Practical reading

酒逢知己千杯少

陈总：苏缇雅，这段时间辛苦你了。

苏缇雅：哪里哪里，谢谢陈总对我工作的支持。

陈总：我们的项目圆满完成了，同时也跟你们结下了深厚的友谊。现在我也要回国了。

苏缇雅：时间过得太快了，从您的到来到现在项目圆满完成，我们共同经历了项目的开始和成功，我感到非常高兴！

陈总：是的，双方合作的很愉快。小苏，我敬你一杯！

苏缇雅：谢谢您！陈总，我先干为敬！

苏缇雅：陈总，这是"冰敦敦"，是2022年冬奥会的吉祥物。这个冰墩墩送给您和您的家人，老挝很热，从不下雪，希望冰敦敦能带给他们一丝清凉，也邀请他们能到中国来做客。

陈总：冰敦敦太可爱了，我们全家都一定会喜欢它的，我代表他们谢谢你！

苏缇雅：礼轻情意重，我很高兴您喜欢这个礼物。

陈总：这礼物太好了，我很喜欢，我们一定会珍藏起来。谢谢小苏。

苏缇雅：不用谢！陈总。

（陈总起身拿起一套老挝传统连衣裙）

陈总：小苏，这条裙子是我家乡的传统服饰，你穿上一定很漂亮，送给你做个纪念。

苏缇雅：这真是太漂亮了，谢谢陈总。我们一起拍张照吧。

Jiǔ féng zhī jǐ qiān bēi shǎo

Chén zǒng：Sū tí yǎ, zhè duàn shí jiān xīn kǔ nǐ le。

Sū tí yǎ：Nǎ lǐ nǎ lǐ, xiè xie chén zǒng duì wǒ gōng zuò de zhī chí。

Chén zǒng：Wǒ men de xiàng mù yuán mǎn wán chéng le, tóng shí yě gēn nǐ men jié xià le shēn hòu de yǒu yì。Xiàn zài wǒ yě yào huí guó le。

Sū tí yǎ：Shí jiān guò de tài kuài le, cóng nín de dào lái dào xiàn zài xiàng mù yuán mǎn wán chéng, wǒ men gòng tóng jīng lì le xiàng mù de kāi shǐ hé chéng gōng, wǒ gǎn dào fēi cháng gāo xìng!

Chén zǒng：Shì de, shuāng fāng hé zuò de hěn yú kuài。Xiǎo sū, wǒ jìng nǐ yì bēi!

Sū tí yǎ：Xiè xie nín! Chén zǒng, wǒ xiān gàn wéi jìng!

Sū tí yǎ：Chén zǒng, zhè shì "Bīng dūn dūn", shì 2022 nián dōng ào huì de jí xiáng wù。Zhè ge bīng dūn dūn sòng gěi nín hé nín de jiā rén, lǎo wō hěn rè, cóng bú xià xuě, xī wàng bīng dūn dūn néng dài gěi tā men yì sī qīng liáng, yě yāo qǐng tā men néng dào zhōng guó lái zuò kè。

Chén zǒng：Bīng dūn dūn tài kě ài le, wǒ men quán jiā dōu yí dìng huì xǐ huan tā de, wǒ dài biǎo tā men xiè xie nǐ!

Sū tí yǎ：Lǐ qīng qíng yì zhòng, wǒ hěn gāo xìng nín xǐ huan zhè ge lǐ wù。

Chén zǒng：Zhè lǐ wù tài hǎo le, wǒ hěn xǐ huān, wǒ men yí dìng huì zhēn cáng qǐ lái。Xiè xie xiǎo sū。

Sū tí yǎ：Bú yòng xiè! Chén zǒng。

(Chén zǒng qǐ shēn ná qǐ yí tào lǎo wō chuán tǒng lián yī qún)

Chén zǒng：Xiǎo sū, zhè tiáo qún zi shì wǒ jiā xiāng de chuán tǒng fú shì, nǐ chuān shàng yí dìng hěn piào liàng, sòng gěi nǐ zuò gè jì niàn。

Sū tí yǎ：Zhè zhēn shì tài piào liàng le, xiè xie chén zǒng。Wǒ men yì qǐ pāi zhāng zhào ba。

第七章 酒逢知己千杯少

生词 New words

1. 辛苦　xīn kǔ　　　　　　　　　【形】　hard-working
　　　　　　　　　　　　　　　　　　　　（here means good job）
2. 哪里哪里　nǎ lǐ nǎ lǐ　　　　　The pleasure was all mine.
3. 深厚　shēn hòu　　　　　　　　【形】　profound
4. 清凉　qīng liáng　　　　　　　【形】　cool
5. 先干为敬　xiān gàn wéi jìng　　drink up to show respect
6. 冬奥会　dōng ào huì　　　　　　【名】　the Winter Olympic
7. 吉祥物　jí xiáng wù　　　　　　【名】　mascot
8. 珍藏　zhēn cáng　　　　　　　　【动】　treasure up
9. 礼轻情意重　lǐ qīng qíng yì zhòng　Trifling gift with profound feeling.

语法 Grammar

"哪里哪里"的用法（The use of the word "哪里哪里"）

"哪里哪里"，谦辞，单独用在答话里，表示辞谢对别人的夸奖。

> 1. A. 你第一次就通过了就HSK六级的考试，太厉害了。
>   B. **哪里哪里**！你们也很棒！
> 2. A. 这个项目你做得非常好。
>   B. **哪里哪里**！还需要继续努力呢。

练习 Exercises

1. 将下列词语组成句子（Make sentences with the following words）

(1) 高铁　发车了　就要

_____。
（2）我说完了　你　该　现在　说了
_____。
（3）老师　对　这是　负责　我们
_____。
（4）离开　学校　以前　大家需要　告别　好好地
_____。

2. 完成以下对话（Complete the dialogue with the choices given below）

> 这是苗族少女的人偶　　西南商贸城到了　　我想亲手做一个

甲：我们该几点出发呢？
乙：嗯，12：40 怎么样？
甲：_____，我们去买礼物吧！
乙：这是什么？
甲：_____，我也会做，这个很有贵州特色呢！
乙：真的？你能教我吗？_____
甲：没问题！我们去买材料。

3. 写作（Writing）

以"我们的吉祥物"为题，按照要求写一篇不少于 70 字的作文。

职场文化 Workplace culture

个人效率与生产力

个人效率是指个人在工作中投入产出比的效果。生产力是指生产过程中创造价值的能力。以下是提高个人效率和生产力的一些技巧。

①提高个人效率方面：制定清晰的目标和方法、避免多任务处理、合理安排时间、学会说"不"。

②提高生产力方面：制定工作计划和优先级排序、合理分配时间和资源、学会授权和委派任务、创造良好的工作环境。

Gè rén xiào lǜ yǔ shēng chǎn lì

Gè rén xiào lǜ shì zhǐ gè rén zài gōng zuò zhōng tóu rù chǎn chū bǐ de xiào guǒ. shēng chǎn lì shì zhǐ shēng chǎn guò chéng zhōng chuàng zào jià zhí de néng lì. Yǐ xià shì tí gāo gè rén xiào lǜ hé shēng chǎn lì de yì xiē jì qiǎo.

①Tí gāo gè rén xiào lǜ fāng miàn: Zhì dìng qīng xī de mù biāo hé fāng fǎ、bì miǎn duō rèn wù chǔ lǐ、hé lǐ ān pái shí jiān、xué huì shuō "bù"。

②Tí gāo shēng chǎn lì fāng miàn: Zhì dìng gōng zuò jì huà hé yōu xiān jí pái xù、hé lǐ fēn pèi shí jiān hé zī yuán、xué huì shòu quán hé wěi pài rèn wù、chuàng zào liáng hǎo de gōng zuò huán jìng。

传统文化 Traditional culture

常用礼貌用语

（1）这礼物太贵重了，我不能收。

婉言谢绝用语，中国人向来秉承"礼轻情意重"的礼节，提倡"君子之交淡如水"，即人与人之间的关系应真诚而纯朴。

（2）我敬您一杯。

祝酒常用口语，通常表达对对方的尊敬和感谢。

（3）酒逢知己千杯少。

意思指酒桌上遇到知己，喝一千杯酒都还嫌少。形容性情相投的人聚在一起总不厌倦。

（4）先干为敬。

祝酒常用口语，把自己的酒先喝完以示尊重，通常表达对对方的尊敬和感谢。

Cháng yòng lǐ mào yòng yǔ

（1）Zhè lǐ wù tài guì zhòng le, wǒ bù néng shōu。

Wǎn yán xiè jué yòng yǔ, zhōng guó rén xiàng lái bǐng chéng "lǐ qīng qíng yì zhòng" de lǐ jié, tí chàng "jūn zǐ zhī jiāo dàn rú shuǐ", jí rén yǔ rén zhī jiān de guān xì yīng zhēn chéng ér chún pǔ。

（2）Wǒ jìng nín yì bēi。

Zhù jiǔ cháng yòng kǒu yǔ, tōng cháng biǎo dá duì duì fāng de zūn jìng hé gǎn xiè。

（3）Jiǔ féng zhī jǐ qiān bēi shǎo。

Yì si zhǐ jiǔ zhuō shàng yù dào zhī jǐ, hē yì qiān bēi jiǔ dōu hái xián shǎo。Xíng róng xìng qíng xiāng tóu de rén jù zài yì qǐ zǒng bú yàn juàn。

（4）Xiān gàn wéi jìng。

Zhù jiǔ cháng yòng kǒu yǔ, bǎ zì jǐ de jiǔ xiān hē wán yǐ shì zūn zhòng, tōng cháng biǎo dá duì duì fāng de zūn jìng hé gǎn xiè。

冰 墩 墩

冰墩墩，2022年北京冬奥会的吉祥物。将熊猫形象与富有超能量的冰晶外壳相结合，头部外壳造型取自冰雪运动头盔，装饰彩色光环，整体形象酷似航天员。2018年8月8日，北京冬奥会和冬残奥会吉祥物全球征集启动仪式举行。2019年9月17日晚，冰墩墩正式亮相。冰墩墩寓意创造非凡、探索未来，体现了追求卓越、引领时代，以及面向未来的无限可能。

Bīng dūn dūn

Bīng dūn dūn, 2022 nián běi jīng dōng ào huì de jí xiáng wù。Jiāng xióng māo xíng xiàng yǔ fù yǒu chāo néng liàng de bīng jīng wài ké xiāng jié hé, tóu bù wài ké zào xíng qǔ zì bīng xuě yùn dòng tóu kuī, zhuāng shì cǎi sè guāng huán, zhěng tǐ xíng xiàng kù sì háng tiān yuán。2018 nián 8 yuè 8 rì, běi jīng dōng ào huì hé dōng cán ào huì jí xiáng wù quán qiú zhēng jí qǐ dòng yí shì jǔ xíng。2019 nián 9 yuè 17 rì wǎn, bīng dūn dūn zhèng shì liàng xiàng。Bīng dūn dūn yù yì chuàng zào fēi fán、tàn suǒ wèi lái, tǐ xiàn le zhuī qiú zhuó yuè、yǐn lǐng shí dài, yǐ jí miàn xiàng wèi lái de wú xiàn kě néng。

古诗欣赏 The appreciation of Chinese ancient poetry

别董大 ①

唐·高适

千里黄云② 白日曛③，

北风吹雁雪纷纷。

莫愁前路无知己，

天下谁人不识君④。

【作者简介】

高适（约704—765年），字达夫、仲武，唐朝渤海蓨县（今河北景县）人，后迁居宋州宋城（今河南商丘睢阳）。唐代著名的边塞诗人，曾任刑部侍郎、散骑常侍、渤海县侯，世称高常侍。

高适与岑参并称"高岑",与岑参、王昌龄、王之涣合称"边塞四诗人"。有《高常侍集》等传世,其诗笔力雄健,气势奔放,洋溢着盛唐时期所特有的奋发进取、蓬勃向上的时代精神。河南省开封市禹王台五贤祠即专为高适、李白、杜甫、何景明、李梦阳而立。

【注释】

①董大:名庭兰。"大"是弟兄中的排行,董庭兰在家中排行老大。

②黄云:黄色的云朵。由于塞外风沙大,弥漫天空的黄沙使云朵也变成了黄色。

③曛:指天色昏暗。

④君:古人对别人的敬称,相当于今天的"您",此处指董大。

【Zuò zhě jiǎn jiè】

Gāo shì (yuē 704—765 nián), zì dá fū, zhòng wǔ, táng cháo bó hǎi tiáo xiàn (jīn hé běi jǐng xiàn) rén, hòu qiān jū sòng zhōu sòng chéng (jīn hé nán shāng qiū suī yáng)。Táng dài zhù míng de biān sài shī rén, céng rèn xíng bù shì láng、sàn qí cháng shì、bó hǎi xiàn hóu, shì chēng gāo cháng shì。

Gāo shì yǔ cén shēn bìng chēng "gāo cén", yǔ cén shēn、wáng chāng líng、wáng zhī huàn hé chēng "biān sài sì shī rén"。Yǒu《gāo cháng shì jí》děng chuán shì, qí shī bǐ lì xióng jiàn, qì shì bēn fàng, yáng yì zhe shèng táng shí qī suǒ tè yǒu de fèn fā jìn qǔ、péng bó xiàng shàng de shí dài jīng shén。Hé nán shěng kāi fēng shì yǔ wáng tái wǔ xián cí jí zhuān wèi gāo shì、lǐ bái、dù fǔ、hé jǐng míng、lǐ mèng yáng ér lì。

【Zhù shì】

①Dǒng dà: míng tíng lán。"Dà" shì dì xiōng zhōng de pái háng, dǒng tíng lán zài jiā zhōng pái háng lǎo dà。

②Huáng yún: huáng sè de yún duǒ。Yóu yú sài wài fēng shā dà, mí màn tiān kōng de huáng shā shǐ yún duǒ yě biàn chéng le huáng sè。

③Xūn: zhǐ tiān sè hūn àn。

④Jūn: gǔ rén duì bié rén de jìng chēng, xiāng dāng yú jīn tiān de "nín", cǐ chù zhǐ dǒng dà。

第八章　海内存知己，天涯若比邻

背景介绍 Background

人物介绍：苏提雅（老挝籍公司职员）、陈总（合作项目负责人）
地点：酒店、机场
职业思考：
1. 在商务情境下，送别的表达。
2. 商务礼仪中的送礼礼仪。
3. 与人约定时间、地点等见面信息的表达。

基本课文 Dialogue

送别友人

（合作项目负责人陈总明天将离开贵阳去广州，离开贵阳的前一天晚上）

苏缇雅：陈总，您好，我是苏缇雅。李经理明天出差，所以明天将由我送您去机场。

陈总：好的，谢谢。明天我们几点出发？

苏缇雅：您的航班是早上10点的，我们7：30在酒店大堂见可以吗？

陈总：没问题。

（第二天早上酒店大堂）

苏缇雅：离飞机起飞还有两小时，陈总，您准备好了吗？

陈总：我准备好了，我们去机场吧！我们要去哪个机场？机场离酒店有多远？

苏缇雅：我们要去的是龙洞堡机场，在双龙经济开发区。龙洞堡机场离酒店有20公里，需要30分钟。但是，现在有点堵车，可能需要45分钟。

陈总：贵阳很爱堵车吗？

苏缇雅：是的，特别是早高峰和晚高峰时间。

陈总：早高峰和晚高峰是指什么时间？

苏缇雅：早高峰是指早上7：30—9：00，晚高峰是指下午5：00—6：30。

第八章 海内存知己,天涯若比邻

(到机场后)

苏缇雅:陈总,我们先去办理登机和托运行李手续,请将您的证件给我。

陈总:糟糕!我的护照不见了!

苏缇雅:您别着急,您打开支付宝,搜索电子证件,您可以先用电子证件登机,我一会儿去酒店帮您找找。

陈总:好的!太感谢你了。

(陈总拿着电子证件到柜台)

机场工作人员:请问到哪里?

陈总：到广州，谢谢！请问电子证件可以使用吗？
机场工作人员：可以的，先生。请问有托运行李吗？
陈总：有一个行李箱需要托运。
机场工作人员：好的，请将行李放到传送带上。
陈总：好的！
机场工作人员：这是您的登机牌和行李牌。
陈总：谢谢！

（登机办理好后）
陈总：太好了，已经办理好了。
苏缇雅：太好了，那我们现在去安检口吧！
陈总：好的。
（机场安检口前）
陈总：这段时间承蒙关照了。
苏缇雅：哪里哪里，应该的。
陈总：虽然时间不长，但是我们相处得很愉快，希望以后合作愉快。
苏缇雅：是的，李经理出差了，他让我代他向您问好。
陈总：谢谢李经理，也请代我给李经理问好。
苏缇雅：好的。
（赠送礼品）
苏缇雅：这是一个中国结，我自己做的，送给您。
陈总：你自己做的？真了不起。谢谢。

第八章 海内存知己,天涯若比邻

(机场广播)

苏缇雅:陈总,现在去安检吧!

陈总:好的,这瓶刺梨汁我能带进去吗?

苏缇雅:不可以,但是您可以在候机厅购买。

陈总:好吧!老挝买不到刺梨汁,我好想带回去给家人尝一尝。

苏缇雅:放心吧!陈总,我可以帮您邮寄过去。

陈总:太好了!苏缇雅,有机会一定要到老挝来啊!

苏缇雅:一定,到时候请多关照。陈总,请多保重!

陈总:再见!下次老挝见!

苏缇雅:陈总,祝您一路平安!希望贵阳给您留下了一个良好的印象。

陈总:谢谢你,我很喜欢贵阳。小苏,我会想念你的。

苏缇雅:欢迎您再来贵阳!

陈总:会的,我一定会再来的,我对贵阳的文化很感兴趣。

Sòng bié yǒu rén

(Hé zuò xiàng mù fù zé rén chén zǒng míng tiān jiāng lí kāi guì yáng qù guǎng zhōu, lí kāi guì yáng de qián yì tiān wǎn shang)

Sū tí yǎ:Chén zǒng, nín hǎo, wǒ shì sū tí yǎ. Lǐ jīng lǐ míng tiān chū chāi, suǒ yǐ míng tiān jiāng yóu wǒ sòng nín qù jī chǎng.

Chén zǒng:Hǎo de, xiè xie. Míng tiān wǒ men jǐ diǎn chū fā?

Sū tí yǎ:Nín de háng bān shì zǎo shang 10 diǎn de, wǒ men 7:30 zài jiǔ diàn dà táng jiàn kě yǐ ma?

Chén zǒng:Méi wèn tí.

(Dì èr tiān zǎo shang jiǔ diàn dà táng)

Sū tí yǎ: Lí fēi jī qǐ fēi hái yǒu liǎng xiǎo shí, chén zǒng, nín zhǔn bèi hǎo le ma?

Chén zǒng: Wǒ zhǔn bèi hǎo le, wǒ men qù jī chǎng ba! Wǒ men yào qù nǎ ge jī chǎng? Jī chǎng lí jiǔ diàn yǒu duō yuǎn?

Sū tí yǎ: Wǒ men yào qù de shì lóng dòng bǎo jī chǎng, zài shuāng lóng jīng jì kāi fā qū. Lóng dòng bǎo jī chǎng lí jiǔ diàn yǒu 20 gōng lǐ, xū yào 30 fēn zhōng. Dàn shì, xiàn zài yǒu diǎn dǔ chē, kě néng xū yào 45 fēn zhōng.

Chén zǒng: Guì yáng hěn ài dǔ chē ma?

Sū tí yǎ: Shì de, tè bié shì zǎo gāo fēng hé wǎn gāo fēng shí jiān.

Chén zǒng: Zǎo gāo fēng hé wǎn gāo fēng shì zhǐ shén me shí jiān?

Sū tí yǎ: Zǎo gāo fēng shì zhǐ zǎo shang 7:30—9:00, wǎn gāo fēng shì zhǐ xià wǔ 5:00—6:30。

(Dào jī chǎng hòu)

Sū tí yǎ: Chén zǒng, wǒ men xiān qù bàn lǐ dēng jī hé tuō yùn xíng lǐ shǒu xù, qǐng jiāng nín de zhèng jiàn gěi wǒ.

Chén zǒng: Zāo gāo! Wǒ de hù zhào bú jiàn le!

Sū tí yǎ: Nín bié zháo jí, nín dǎ kāi zhī fù bǎo, sōu suǒ diàn zǐ zhèng jiàn, nín kě yǐ xiān yòng diàn zǐ zhèng jiàn dēng jī, wǒ yí huìr qù jiǔ diàn bāng nín zhǎo zhǎo。

Chén zǒng: Hǎo de! Tài gǎn xiè nǐ le。

(Chén zǒng ná zhe diàn zǐ zhèng jiàn dào guì tái)

Jī chǎng gōng zuò rén yuán: Qǐng wèn dào nǎ lǐ?

Chén zǒng: Dào guǎng zhōu, xiè xie! Qǐng wèn diàn zǐ zhèng jiàn kě yǐ shǐ yòng ma?

Jī chǎng gōng zuò rén yuán: Kě yǐ de, xiān sheng。Qǐng wèn yǒu tuō yùn xíng lǐ ma?

Chén zǒng: Yǒu yí gè xíng lǐ xiāng xū yào tuō yùn。

Jī chǎng gōng zuò rén yuán: Hǎo de, qǐng jiāng xíng lǐ fàng dào chuán sòng dài shàng。

Chén zǒng: Hǎo de!

Jī chǎng gōng zuò rén yuán: Zhè shì nín de dēng jī pái hé xíng lǐ pái。

Chén zǒng: Xiè xie!

(Dēng jī bàn lǐ hǎo hòu)

Chén zǒng: Tài hǎo le, yǐ jīng bàn lǐ hǎo le。

Sū tí yǎ: Tài hǎo le, nà wǒ men xiàn zài qù ān jiǎn kǒu ba!

Chén zǒng: Hǎo de.

(Jī chǎng ān jiǎn kǒu qián)

Chén zǒng: Zhè duàn shí jiān chéng méng guān zhào le.

Sū tí yǎ: Nǎ lǐ nǎ lǐ, yīng gāi de.

Chén zǒng: Suī rán shí jiān bù cháng, dàn shì wǒ men xiāng chǔ de hěn yú kuài, xī wàng yǐ hòu hé zuò yú kuài.

Sū tí yǎ: Shì de, lǐ jīng lǐ chū chāi le, tā ràng wǒ dài tā xiàng nín wèn hǎo.

Chén zǒng: Xiè xie lǐ jīng lǐ, yě qǐng dài wǒ gěi lǐ jīng lǐ wèn hǎo.

Sū tí yǎ: Hǎo de.

(Zèng sòng lǐ pǐn)

Sū tí yǎ: Zhè shì yí gè zhōng guó jié, wǒ zì jǐ zuò de, sòng gěi nín.

Chén zǒng: Nǐ zì jǐ zuò de? Zhēn liǎo bù qǐ. Xiè xie.

(Jī chǎng guǎng bō)

Sū tí yǎ: Chén zǒng, xiàn zài qù ān jiǎn ba!

Chén zǒng: Hǎo de, zhè píng cì lí zhī wǒ néng dài jìn qù ma?

Sū tí yǎ: Bù kě yǐ, dàn shì nín kě yǐ zài hòu jī tīng gòu mǎi.

Chén zǒng: Hǎo ba! Lǎo wō mǎi bú dào cì lí zhī, wǒ hǎo xiǎng dài huí qù gěi jiā rén cháng yi cháng.

Sū tí yǎ: Fàng xīn ba! Chén zǒng, wǒ kě yǐ bāng nín yóu jì guò qù.

Chén zǒng: Tài hǎo le! Sū tí yǎ, yǒu jī huì yí dìng yào dào lǎo wō lái a!

Sū tí yǎ: Yí dìng, dào shí hòu qǐng duō guān zhào. Chén zǒng, qǐng duō bǎo zhòng!

Chén zǒng: Zài jiàn! Xià cì lǎo wō jiàn!

Sū tí yǎ: Chén zǒng, zhù nín yí lù píng ān! Xī wàng guì yáng gěi nín liú xià le yí gè liáng hǎo de yìn xiàng.

Chén zǒng: Xiè xie nǐ, wǒ hěn xǐ huan guì yáng. Xiǎo sū, wǒ huì xiǎng niàn nǐ de.

Sū tí yǎ: Huān yíng nín zài lái guì yáng!

Chén zǒng: Huì de, wǒ yí dìng huì zài lái de, wǒ duì guì yáng de wén huà hěn gǎn xìng qù.

生词 New words

1. 离　　lí　　　　　　　　　　　【动】　leave

2. 出差　chū chāi　　　　　　　　【动】　travel on business
3. 想念　xiǎng niàn　　　　　　　【动】　miss
4. 愉快　yú kuài　　　　　　　　【形】　happy
5. 承蒙关照　chéng méng guān zhào　【动】　be granted a favour
6. 准备　zhǔn bèi　　　　　　　　【动】　prepare
7. 了不起　liǎo bù qǐ　　　　　　【形】　great; excellent
8. 请多关照　qǐng duō guān zhào　　Please give us your support and consideration.
9. 平安　píng ān　　　　　　　　【名】　safeness
10. 请多保重　qǐng duō bǎo zhòng　　Please take care.
11. 中国结　zhōng guó jié　　　　　Chinese knot
12. 刺梨汁　cì lí zhī　　　　　　　prickly pear juice

语法 Grammar

一、"离"的用法（The use of the word "离"）

离，介词，距离，相距。

> （1）贵阳**离**昆明有500多公里。
> （2）**离**北京冬季奥运会开幕还有3天。
> （3）北京**离**天津有100多公里。

二、"派某人做某事"的用法（The use of the phrase "派某人做某事"）

"派某人做某事"意思为分派、派遣或委派某人去做某事。表示否定时，"不"放在"派"的前面。

> （1）离飞机起飞只有两小时了，学校**派我来接您**。
> （2）明年学校**派我去中国学习**。
> （3）明年学校不**派我去中国学习**。

三、"再"的用法（The use of the word "再"）

"再"，副词，表示又一次。

(1) 我一定会**再**来的。
(2) 我想**再**喝一杯茶。
(3) 我想**再**去一次中国。

四、"对……感兴趣"的用法（The use of the phrase "对……感兴趣"）

"对……感兴趣"表示对人或事物产生喜好的情绪。在表示否定时，在"感兴趣"前面加上"不"。

(1) 我**对**中国文化很**感兴趣**。
(2) 我**对**游戏很**感兴趣**。
(3) 你**对**篮球**感兴趣**吗？
(4) 我**对**那个人**不感兴趣**。

五、"一路平安"的用法（The use of the phrase "一路平安"）

"一路平安"原指在旅途中没有出现任何事故，现多用作对出门人的祝福。
同义词：一路顺风、一帆风顺等。

 练习 Exercises

1. 将下列词语组成句子（Make sentences with the following words）

(1) 小千　感兴趣　茶　对

_____。

(2) 电话　终于　打　了　你的　通

_____。

(3) 再　来　贵阳　欢迎　你　啊

_____。

2. 完成以下对话（Complete the dialogue with the choices given below）

| 离飞机起飞还有2小时 | 我的航班号是CZ2311 |
| 这是中国结 | 我对中国工艺品很感兴趣 |

(1) 甲：听说你明天将搭乘飞机去往波士顿？
　　乙：是的，_____。

(2) 甲：飞机几点起飞？
乙：我看看，15：40。
甲：＿＿＿＿＿＿＿＿＿＿＿，我们去喝茶吧！
(3) 乙：这是什么？
甲：＿＿＿＿＿＿＿＿＿＿＿，我也会做呢！
乙：真的？你能教我吗？＿＿＿＿＿＿＿＿＿＿＿。
甲：没问题！

3. 阅读文段并完成问题（Reading comprehension）

注视着，注视着，注视着那熟悉而又越看越模糊的脸，我的心好疼，我的思绪好乱——我最好的朋友将要离我而去，随着她的家迁往他方，同时她将带走我往日的欣慰，此时此刻，我就像插在花瓶里的鲜花，依旧存活，但少了生气。

在这分别的车站，风打着卷地吹着，夹杂着几片树叶。我含着泪水，独自一人站在那里，真心地对你说着"再见"，但我相信，你不会离我太远。即使天各一方，我们也会"心有灵犀"。我相信"海内存知己，天涯若比邻"，哪怕我们相隔千里，彼此的情谊也会近在咫尺。我想，在不久的将来，我们还会见面，升华这份友谊。

朋友，相互惦念，我们不会相隔太远。

（节选自网络，有删改）

(1) 请写出表达相隔千里，彼此情谊也会近在咫尺的句子。

＿＿＿＿＿＿＿＿＿＿＿＿＿＿＿＿＿＿＿＿＿＿＿＿＿＿＿＿＿。

(2) 作者是在（　　）和朋友分别的。
A. 车站　B. 机场　C. 高铁站　D. 码头

应用课文 Practical reading

商务交往中的馈赠礼仪

在商务交往中双方互赠礼物可以让人感觉到自己被重视,既是一种礼貌的行为,也可以增进双方的感情,但是在馈赠礼物时必须遵守一些根本的礼仪,否则可能会产生适得其反的效果。

在赠送别人礼物的时候思想上一定要有正确的认识,不能认为因为自己是去贿赂别人抑或是有求于别人才送礼物的,这样的送礼会给对方造成反感或者是心理压力。

在商务交往中,送礼物给对方要考虑以下几个问题。

(1) 礼物馈赠的对象。

不同对象的需要和喜好是不一样的,例如:外宾喜欢自己的商务伙伴送能代表民族特色的礼物;喜欢书法的朋友可能喜欢别人送他字画;喜欢收藏邮票的人喜欢对方送他有珍藏价值的邮票,因此不一定是贵重的礼物才是最好的。而且在送礼物的时候要注意三大禁忌:民族禁忌、职业方面的禁忌和个人方面的禁忌。

(2) 馈赠礼物的目的。

在商务交往中送礼物大多是表示祝贺友好,希望和对方保持良好的关系。不能因为要得到某些商业方面的利益和对方成心套近乎,这样会让对方感到厌恶。

(3) 馈赠礼物的时间。

在商务交往中的初次见面是不适合送礼物的,可以在辞别或下次见面的时候送礼物,在比较重要的节日或者庆典是可以送礼物的。

(节选自网络,有改动)

Shāng wù jiāo wǎng zhōng de kuì zèng lǐ yí

Zài shāng wù jiāo wǎng zhōng shuāng fāng hù zèng lǐ wù kě yǐ ràng rén gǎn jué dào zì jǐ bèi zhòng shì, jì shì yì zhǒng lǐ mào de xíng wéi, yě kě yǐ zēng jìn shuāng fāng de gǎn qíng, dàn shì zài kuì zèng lǐ wù shí bì xū zūn shǒu yì xiē gēn běn de lǐ yí, fǒu zé kě néng huì chǎn shēng shì dé qí fǎn de xiào guǒ.

Zài zèng sòng bié rén lǐ wù de shí hou sī xiǎng shàng yí dìng yào yǒu zhèng què de rèn shi, bù néng rèn wéi yīn wèi zì jǐ shì qù huì lù bié rén yì huò shì yǒu qiú yú bié rén cái sòng lǐ wù de, zhè yàng de sòng lǐ huì gěi duì fāng zào chéng fǎn gǎn huò zhě shì xīn lǐ yā lì.

Zài shāng wù jiāo wǎng zhōng, sòng lǐ wù gěi duì fāng yào kǎo lǜ yī xià jǐ gè wèn tí.

(1) Lǐ wù kuì zèng de duì xiàng.

Bù tóng duì xiàng de xū yào hé xǐ hào shì bù yí yàng de, lì rú: wài bīn xǐ huan zì jǐ de shāng wù huǒ bàn sòng néng dài biǎo mín zú tè sè de lǐ wù; Xǐ huan shū fǎ de péng yǒu kě néng xǐ huan bié rén sòng tā zì huà; Xǐ huan shōu cáng yóu piào de rén xǐ huan duì fāng sòng tā yǒu zhēn cáng jià zhí de yóu piào, yīn cǐ bù yí dìng shì guì zhòng de lǐ wù cái shì zuì hǎo de. Ér qiě zài sòng lǐ wù de shí hou yào zhù yì sān dà jìn jì: mín zú jìn jì、zhí yè fāng miàn de jìn jì hé gè rén fāng miàn de jìn jì.

(2) Kuì zèng lǐ wù de mù dì.

Zài shāng wù jiāo wǎng zhōng sòng lǐ wù dà duō shì biǎo shì zhù hè yǒu hǎo, xī wàng hé duì fāng bǎo chí liáng hǎo de guān xì. Bù néng yīn wèi yào dé dào mǒu xiē shāng yè fāng miàn de lì yì hé duì fāng chéng xīn tào jìn hu, zhè yàng huì ràng duì fāng gǎn dào yàn wù.

(3) Kuì zèng lǐ wù de shí jiān.

Zài shāng wù jiāo wǎng zhōng de chū cì jiàn miàn shì bù shì hé sòng lǐ wù de, kě yǐ zài cí bié huò xià cì jiàn miàn de shí hòu sòng lǐ wù, zài bǐ jiào zhòng yào de jié rì huò zhě qìng diǎn shì kě yǐ sòng lǐ wù de.

(Jié xuǎn zì wǎng luò, yǒu gǎi dòng)

 生词 New words

1.	馈赠	kuì zèng	【动】	give as a gift
2.	重视	zhòng shì	【动】	emphasize
3.	贿赂	huì lù	【动】	bribe
4.	禁忌	jìn jì	【名】	taboo
5.	辞别	cí bié	【动】	farewell
6.	利益	lì yì	【名】	interest
7.	保持	bǎo chí	【动】	maintain
8.	适得其反	shì dé qí fǎn		just the opposite to what one wishes

语法 Grammar

一、"既是"的用法（The use of "既是"）

"既是"，连词。通常用在前半句，表示前提，后加以推论，常与"也是"连用。同义词：既然。

(1) 电脑**既是**妈妈的购物中心，也是我的百科全书。
(2) 回忆**既是**美好的，也是痛苦的。
(3) 春天，**既是**百花齐放的日子，也是百鸟争鸣的时间。

二、"因此"的用法（The use of "因此"）

"因此"，连词，表示因果关系。常与"由于"连用。同义词：因而。

(1) 他学习刻苦努力，**因此**取得了好的成绩。
(2) 由于昨天很晚才睡，**因此**今天早上很晚才起床。
(3) 由于今天天气不错，**因此**我爸爸带我们全家出门踏青。

练习 Exercises

1. 请用本课生词造句（Make sentences with the new words below）

(1) 重视：

_____。

(2) 利益：

_____。

(3) 辞别：

_____。

2. 句型练习（Sentence exercises）

(1) 请用"既是"造句，回答下列问题。
①她是班花，还是校花？

_____。

②西安是一座古都，还是一座现代化城市？

_____。

③她是你的老师，还是你的朋友？

_____。

（2）请用"因为"造句，回答下列问题。

①她为什么总是迟到？

_____。

②你为什么有那么多朋友？

_____。

③下午六点，贵阳为什么会堵车？

_____。

3. 写作（Writing）

（1）小张是来自老挝的实习生，他已完成实习工作即将离开公司，请准备一份你觉得适合送给他的礼物，并分享选择这份礼物的原因。

（2）以"我们的禁忌"为题，按要求写一篇不少于70字的作文。

职场文化 Workplace culture

情绪智力与职场成功

情绪智力是指个人在情感和情绪方面对自身和他人的认知和表达能力。情绪智力对于职场成功至关重要，可以帮助我们更好地应对挑战和压力，提高工作效率和人际关系。以下是提高情绪智力和职场成功的一些技巧。

①提高情绪智力方面：学会认知自身和他人的情绪，培养良好的人际关系，学会倾听和理解他人，掌握有效的沟通技巧。

②情绪智力应用方面：以积极心态面对工作和挑战，保持乐观和自信。及时调整心态和情绪，以适应不同的工作环境和人际关系。同时也要注意控制情绪的度，避免过于情绪化而影响工作效率和形象。

有效网络是指个人在社交和职业领域中建立的联系和人脉资源，可以为自己提供更多的机会和支持。人际关系是指个人在职场中与其他人之间的互动和联系，可以为自己创造良好的工作环境和氛围。以下是建立有效网络和提高人际关系的一些技巧。

①建立有效网络方面：积极参加社交活动和职业会议，主动建立联系，维护好关系资源，寻找并利用机会建立更多的人脉网络。

②提高人际关系方面：积极倾听和理解他人，尊重他人，保持良好的工作关系，及时给予支持和帮助，解决矛盾和问题时要积极沟通和处理。

Qíng xù zhì lì yǔ zhí chǎng chéng gōng

Qíng xù zhì lì shì zhǐ gè rén zài qíng gǎn hé qíng xù fāng miàn duì zì shēn hé tā rén de rèn zhī hé biǎo dá néng lì. Qíng xù zhì lì duì yú zhí chǎng chéng gōng zhì guān zhòng yào, kě yǐ bāng zhù wǒ men gèng hǎo de yìng duì tiǎo zhàn hé yā lì, tí gāo gōng zuò xiào lǜ hé rén jì guān xì. Yǐ xià shì tí gāo qíng xù zhì lì hé zhí chǎng chéng gōng de yì xiē jì qiǎo.

①Tí gāo qíng xù zhì lì fāng miàn: Xué huì rèn zhī zì shēn hé tā rén de qíng xù、péi yǎng liáng hǎo de rén jì guān xì、xué huì qīng tīng hé lǐ jiě tā rén, zhǎng wò yǒu xiào de gōu tōng jì qiǎo.

②Qíng xù zhì lì yìng yòng fāng miàn: Yǐ jī jí xīn tài miàn duì gōng zuò hé tiǎo zhàn, bǎo chí lè guān hé zì xìn. jí shí tiáo zhěng xīn tài hé qíng xù, yǐ shì yìng bù tóng de gōng zuò huán jìng hé rén jì guān xì. Tóng shí yě yào zhù yì kòng zhì qíng xù de dù, bì miǎn guò yú qíng xù huà ér yǐng xiǎng gōng zuò xiào lǜ hé xíng xiàng.

Yǒu xiào wǎng luò shì zhǐ gè rén zài shè jiāo hé zhí yè lǐng yù zhōng jiàn lì de lián xì hé rén mài zī yuán, kě yǐ wèi zì jǐ tí gōng gèng duō de jī huì hé zhī chí. Rén jì guān xì shì zhǐ gè rén zài zhí chǎng zhōng yǔ qí tā rén zhī jiān de hù dòng hé lián xì, kě yǐ wèi zì jǐ chuàng zào liáng hǎo de gōng zuò huán jìng hé fēn wéi. Yǐ xià shì jiàn lì yǒu xiào wǎng luò hé tí gāo rén jì guān xì de yì xiē jì qiǎo.

①Jiàn lì yǒu xiào wǎng luò fāng miàn: Jī jí cān jiā shè jiāo huó dòng hé zhí yè huì yì, zhǔ dòng jiàn lì lián xì, wéi hù hǎo guān xì zī yuán, xún zhǎo bìng lì yòng jī huì jiàn lì gèng duō de rén mài wǎng luò.

②Tí gāo rén jì guān xì fāng miàn: Jī jí qīng tīng hé lǐ jiě tā rén, zūn zhòng tā rén, bǎo chí liáng hǎo de gōng zuò guān xì, jí shí jǐ yǔ zhī chí hé bāng zhù, jiě jué máo dùn hé wèn tí shí yào jī jí gōu tōng hé chǔ lǐ.

传统文化 Traditional culture

常用寒暄语

(1) 我会想念你的。

一般是指分别时的寒暄语，表达不舍之情。

(2) 分别时的寒暄语。

①承蒙关照。

受到别人照顾，分别时说的话。若表示今后要得到别人帮助和照顾则是"请多关照"。

②请多保重。

"请多保重"多用于时间较长的分离,意味祝对方身体健康。但在看望病人时,也会说"请多保重"。

中 国 结

中国结是一种手工编织工艺品,它所显示的情致与智慧正是中国古老文明中的一个侧面。

中国结是由旧石器时代的缝衣打结,后推展至汉朝的仪礼记事,再演变成今日的装饰手艺。周朝人随身佩戴的玉常以中国结为装饰,而战国时代的铜器上也有中国结的图案,延续至清朝中国结才真正成为盛传于民间的艺术。

当代多用来装饰室内、亲友间的馈赠礼物及个人的随身饰物。因为其外观对称精致,符合中国传统装饰的习俗和审美观念,并代表汉族悠久的历史,故命名为中国结。

中国结有双钱结、纽扣结、琵琶结、团锦结、十字结、吉祥结、万字结、盘长结、藻井结、双联结、蝴蝶结、锦囊结等多种结式。中国结代表着团结、幸福、平安,特别是在民间,它精致的做工深受大众的喜爱。

(摘自百度百科,有改动)

刺 梨

刺梨,又名送春归,属蔷薇科野生植物,是我国西南部特产野果。年产量可达数十万吨。刺梨果实中含有多种营养物质,大致可分为三类:①维生素及单宁类,这类主要有维生素C、维生素B族(维生素B_1、维生素B_2、维生素B_{11}等)、维生素E及单宁酸；②微量元素类，主要为硒和锌；③酶类，主要是超氧化物歧化酶和过氧化物酶等。

现代研究证明刺梨汁能有效阻断 N-亚硝基化合物在人体内合成，而且刺梨汁的防癌效果明显优于维生素 C 的纯品。此外，刺梨中的维生素 E 和 B-谷甾醇还具有治疗早期宫颈癌和皮肤癌的作用，SOD 及过氧化氢酶则组成一个消除超氧化物阴离子的自由基等活性氧的防护体系。因此，刺梨被称为防癌抗癌、延年益寿的珍果。

由于刺梨中单宁等成分含量较高，果肉酸涩，生食口感差，故将刺梨加工成刺梨汁保藏，然后进一步生产出刺梨饮料，满足消费者的需求。

（摘自百度百科，有改动）

Cháng yòng hán xuān yǔ

（1）Wǒ huì xiǎng niàn nǐ de。

Yì bān shì zhǐ fēn bié shí de hán xuān yǔ，biǎo dá bù shě zhī qíng。

（2）Fēn bié shí de hán xuān yǔ。

①Chéng méng guān zhào。

Shòu dào bié rén zhào gù，fēn bié shí shuō de huà。Ruò biǎo shì jīn hòu yào dé dào bié rén bāng zhù hé zhào gù zé shì "qǐng duō guān zhào"。

②Qǐng duō bǎo zhòng。

"Qǐng duō bǎo zhòng" duō yòng yú shí jiān jiào cháng de fēn lí，yì wèi zhù duì fāng shēn tǐ jiàn kāng。Dàn zài kàn wàng bìng rén shí，yě huì shuō "qǐng duō bǎo zhòng"。

Zhōng guó jié

Zhōng guó jié shì yì zhǒng shǒu gōng biān zhī gōng yì pǐn，tā suǒ xiǎn shì de qíng zhì yǔ zhì huì zhèng shì zhōng guó gǔ lǎo wén míng zhōng de yí gè cè miàn。

Zhōng guó jié shì yóu jiù shí qì shí dài de féng yī dǎ jié，hòu tuī zhǎn zhì hàn cháo de yí lǐ jì shì, zài yǎn biàn chéng jīn rì de zhuāng shì shǒu yì. Zhōu cháo rén suí shēn pèi dài de yù cháng yǐ zhōng guó jié wéi zhuāng shì, ér zhàn guó shí dài de tóng qì shàng yě yǒu zhōng guó jié de tú àn, yán xù zhì qīng cháo zhōng guó jié cái zhēn zhèng chéng wéi shèng chuán yú mín jiān de yì shù.

Dāng dài duō yòng lái zhuāng shì shì nèi, qīn yǒu jiān de kuì zèng lǐ wù jí gè rén de suí shēn shì wù. Yīn wèi qí wài guān duì chèn jīng zhì, fú hé zhōng guó chuán tǒng zhuāng shì de xí sú hé shěn měi guān niàn, bìng dài biǎo hàn zú yōu jiǔ de lì shǐ, gù míng míng wéi zhōng guó jié.

Zhōng guó jié yǒu shuāng qián jié、niǔ kòu jié、pí pa jié、tuán jǐn jié、shí zì jié、jí xiáng jié、wàn zì jié、pán cháng jié、zǎo jǐng jié、shuāng lián jié、hú dié jié、jǐn náng jié děng duō zhǒng jié shì. Zhōng guó jié dài biǎo zhe tuán jié、xìng fú、píng ān, tè bié shì zài mín jiān, tā jīng zhì de zuò gōng shēn shòu dà zhòng de xǐ ài.

(Zhāi zì bǎi dù bǎi kē, yǒu gǎi dòng)

Cì lí

Cì lí, yòu míng sòng chūn guī, shǔ qiáng wēi kē yě shēng zhí wù, shì wǒ guó xī nán bù tè chǎn yě guǒ. Nián chǎn liàng kě dá shù shí wàn dūn. Cì lí guǒ shí zhōng hán yǒu duō zhǒng yíng yǎng wù zhì, dà zhì kě fēn wéi sān lèi: ① Wéi shēng sù jí dān níng lèi, zhè lèi zhǔ yào yǒu wéi shēng sù C、wéi shēng sù B zú (wéi shēng sù B_1、wéi shēng sù B_2、wéi shēng sù B_{11} děng)、wéi shēng sù E jí dān níng suān; ② Wēi liàng yuán sù lèi, zhǔ yào wéi xī hé xīn; ③ Méi lèi, zhǔ yào shì chāo yǎng huà wù qí huà méi hé guò yǎng huà wù méi děng.

Xiàn dài yán jiū zhèng míng cì lí zhī néng yǒu xiào zǔ duàn N-yà xiāo jī huà hé wù zài rén tǐ nèi hé chéng, ér qiě cì lí zhī de fáng ái xiào guǒ míng xiǎn yōu yú wéi shēng sù C de chún pǐn. Cǐ wài, cì lí zhōng de wéi shēng sù E hé B-gǔ zāi chún hái jù yǒu zhì liáo zǎo qī gōng jǐng ái hé pí fū ái de zuò yòng, SOD jí guò yǎng huà qīng méi zé zǔ chéng yí gè xiāo chú chāo yǎng huà wù yīn lí zǐ de zì yóu jī děng huó xìng yǎng de fáng hù tǐ xì. Yīn cǐ, cì lí bèi chēng wéi fáng ái kàng ái、yán nián yì shòu de zhēn guǒ.

Yóu yú cì lí zhōng dān níng děng chéng fèn hán liàng jiào gāo, guǒ ròu suān sè, shēng shí kǒu gǎn chā, gù jiāng cì lí jiā gōng chéng cì lí zhī bǎo cáng, rán hòu jìn yí bù shēng chǎn chū cì lí yǐn liào, mǎn zú xiāo fèi zhě de xū qiú.

(Zhāi zì bǎi dù bǎi kē, yǒu gǎi dòng)

古诗欣赏 The appreciation of Chinese ancient poetry

送杜少府之任蜀州①

唐·王勃

城阙辅三秦②,风烟望五津③。
与君离别意,同是宦游人④。
海内存知己,天涯若比邻⑤。
无为在歧路,儿女共沾巾⑥。

【作者简介】

王勃(约650—676年),字子安,唐代诗人。绛州龙门(今山西河津)人,出身儒学世家,与杨炯、卢照邻、骆宾王并称为"初唐四杰",王勃为四杰之首。

王勃自幼聪敏好学,据《旧唐书》记载,他六岁即能写文章,文笔流畅,被赞为"神童"。九岁时,读颜师古注《汉书》,作《指瑕》十卷以纠正其错。十六岁时,应幽素科试及第,授职朝散郎。因做《斗鸡檄》被赶出沛王府。之后,王勃历时三年游览巴蜀山川景物,创作了大量诗文。返回长安后,求补得虢州参军。在参军任上,因私杀官奴二次被贬。上元三年(676年)八月,自交趾探望父亲返回时,不幸渡海溺水,惊悸而死。

王勃在诗歌体裁上擅长五律和五绝,代表作品有《送杜少府之任蜀州》,主要文学成就是骈文,无论是数量还是质量上,都是上乘之作,代表作品有《滕王阁序》等。

【注释】

①这是一首送别诗,诗意在慰勉友人勿在离别之时悲哀。杜少府:其人不详。少府,即县尉的通称,主缉捕盗贼。之任:赴任。蜀州:在今四川崇庆县。一作"蜀川"。

②城阙:指都城长安。辅:护持。三秦:西楚霸王项羽灭秦后,曾将其旧地分为雍、塞、翟三国,称三秦。此处指今陕西省潼关以西一带。

③五津:四川灌县至犍为一段岷江上有五个渡口,为白华津、万里津、江首津、涉头津、江南津,称五津。此指蜀州一带。

④宦游人:在外做官之人。

⑤比邻:近邻。古代以五家为"比"。

⑥"无为"二句:意谓不要在分手的路上,像小儿女一样哭哭啼啼。无为,不要。歧路,分手的路上。沾巾,指流泪。

【Zuò zhě jiǎn jiè】

Wáng bó (yuē 650—676 nián), zì zǐ ān, táng dài shī rén. Jiàng zhōu lóng mén (jīn shān xī hé jīn) rén, chū shēn rú xué shì jiā, yǔ yáng jiǒng、lú zhào lín、luò bīn wáng bìng chēng wéi "chū táng sì jié", wáng bó wéi sì jié zhī shǒu.

Wáng bó zì yòu cōng mǐn hào xué, jù《jiù táng shū》jì zǎi, tā liù suì jí néng xiě wén zhāng, wén bǐ liú chàng, bèi zàn wéi "shén tóng". Jiǔ suì shí, dú yán shī gǔ zhù《hàn shū》, zuò《zhǐ xiá》shí juàn yǐ jiū zhèng qí cuò. Shí liù suì shí, yìng yōu sù kē shì jí dì, shòu zhí cháo sàn láng. Yīn zuò《dòu jī xí》bèi gǎn chū pèi wáng fǔ. Zhī hòu, wáng bó lì shí sān nián yóu lǎn bā shǔ shān chuān jǐng wù, chuàng zuò le dà liàng shī wén. Fǎn huí cháng ān hòu, qiú bǔ dé guó zhōu cān jūn. Zài cān jūn rèn shàng, yīn sī shā guān nú èr cì bèi biǎn. Shàng yuán sān nián (676 nián) bā yuè, zì jiāo zhǐ tàn wàng fù qīn fǎn huí shí, bú xìng dù hǎi nì shuǐ, jīng jì ér sǐ.

Wáng bó zài shī gē tǐ cái shàng shàn cháng wǔ lǜ hé wǔ jué, dài biǎo zuò pǐn yǒu《sòng dù shào fǔ zhī rèn shǔ zhōu》, zhǔ yào wén xué chéng jiù shì pián wén, wú lùn shì shù liàng hái shì zhì liàng shàng, dōu shì shàng chéng zhī zuò, dài biǎo zuò pǐn yǒu《téng wáng gé xù》děng.

【Zhù shì】

①Zhè shì yì shǒu sòng bié shī, shī yì zài wèi miǎn yǒu rén wù zài lí bié zhī shí bēi āi. Dù shào fǔ: qí rén bù xiáng. Shào fǔ, jí xiàn wèi de tōng chēng, zhǔ jī bǔ dào zéi. Zhī rèn: fù rèn. Shǔ zhōu: zài jīn sì chuān chóng qìng xiàn. Yí zuò "shǔ chuān".

②Chéng què: zhǐ dū chéng cháng ān. Fǔ: hù chí. Sān qín: xī chǔ bà wáng xiàng yǔ miè qín hòu, céng jiāng qí jiù dì fēn wéi yōng、sài、zhái sān guó, chēng sān qín. Cǐ chù zhǐ jīn shǎn xī shěng tóng guān yǐ xī yí dài.

③Wǔ jīn: sì chuān guàn xiàn zhì jiān wéi yí duàn mín jiāng shàng yǒu wǔ gè dù kǒu, wéi bái huá jīn、wàn lǐ jīn、jiāng shǒu jīn、shè tóu jīn、jiāng nán jīn, chēng wǔ jīn. Cǐ zhǐ shǔ zhōu yí dài.

④Huàn yóu rén: zài wài zuò guān zhī rén.

⑤Bǐ lín: jìn lín. Gǔ dài yǐ wǔ jiā wéi "bǐ".

⑥"Wú wéi" èr jù: yì wèi bú yào zài fēn shǒu de lù shàng, xiàng xiǎo ér nǚ yí yàng kū kū tí tí. Wú wéi, bú yào. Qí lù, fēn shǒu de lù shàng. Zhān jīn, zhǐ liú lèi.

生 词 索 引

1.	首先	shǒu xiān	【副】	first of all	/3
2.	申请	shēn qǐng	【动】	apply for	/3
3.	招聘	zhāo pìn	【动】	recruit	/3
4.	详细	xiáng xì	【形】	detailed	/3
5.	规划	guī huà	【名】	plan	/3
6.	职位	zhí wèi	【名】	position	/3
7.	挑战	tiǎo zhàn	【动】	challenge	/3
8.	荣誉	róng yù	【名】	honor	/3
9.	职务	zhí wù	【名】	position; title	/3
10.	评价	píng jià	【动】	make comments	/3
11.	简历	jiǎn lì	【名】	resume	/3
12.	技能	jì néng	【名】	skill	/3
13.	负责	fù zé	【动】	be in charge of	/3
14.	具备	jù bèi	【动】	be capable of	/3
15.	描述	miáo shù	【动】	describe	/3
16.	马上	mǎ shàng	【副】	right now	/8
17.	询问	xún wèn	【动】	inquire	/8
18.	简历	jiǎn lì	【名】	resume	/8
19.	应聘	yìng pìn	【动】	apply for	/8
20.	准备	zhǔn bèi	【动】	prepare	/8
21.	展示	zhǎn shì	【动】	present	/8
22.	经历	jīng lì	【名】	experience	/8
23.	整体	zhěng tǐ	【形】	overall	/8
24.	总结	zǒng jié	【名】	summary	/8
25.	公司	gōng sī	【名】	company	/17
26.	就职	jiù zhí	【动】	work or be employed	/17
27.	入职	rù zhí	【名】	entry	/17
28.	手续	shǒu xù	【名】	procedure	/17

29.	报到	bào dào	【动】	report for duty	/17
30.	安排	ān pái	【动】	arrange	/17
31.	培训	péi xùn	【动】	train	/17
32.	同事	tóng shì	【名】	colleague	/17
33.	称呼	chēng hu	【动】	call	/17
34.	务必	wù bì	【助】	must	/17
35.	前台	qián tái	【名】	reception desk	/17
36.	人事部	rén shì bù	【名】	HR Department	/17
37.	职场	zhí chǎng	【名】	career	/22
38.	礼仪	lǐ yí	【名】	etiquette	/22
39.	员工	yuán gōng	【名】	staff	/22
40.	文化	wén huà	【名】	culture	/22
41.	制度	zhì dù	【名】	system	/22
42.	受益匪浅	shòu yì fěi qiǎn		benefit a lot	/22
43.	查阅	chá yuè	【动】	look up	/22
44.	力所能及	lì suǒ néng jí		all one can do	/22
45.	集中	jí zhōng	【动】	concentrate	/22
46.	精力	jīng lì	【名】	attention	/22
47.	容忍	róng rěn	【动】	tolerate	/22
48.	克服	kè fú	【动】	overcome	/22
49.	任性	rèn xìng	【形】	capricious	/22
50.	设身处地	shè shēn chǔ dì		put oneself in other's position	/22
51.	着想	zhuó xiǎng	【动】	care about	/22
52.	诚实守信	chéng shí shǒu xìn		honesty and loyalty	/22
53.	遵守	zūn shǒu	【动】	obey	/22
54.	隐私	yǐn sī	【名】	privacy	/22
55.	八卦	bā guà	【名】	gossip	/22
56.	臭	chòu	【形】	smelly (here means grunpy)	/32
57.	组长	zǔ zhǎng	【名】	section chief	/32
58.	精神	jīng shén	【名】	spirit (here means cheer up)	/32
59.	对待	duì dài	【动】	treat	/32
60.	前辈	qián bèi	【名】	senior colleague	/32
61.	脾气	pí qi	【名】	temper	/32

生词索引

62.	指导	zhǐ dǎo	【动】	guide	/32
63.	闲谈	xián tán	【动】	chat	/35
64.	严厉	yán lì	【形】	serious	/35
65.	实惠	shí huì	【形】	economical	/35
66.	推辞	tuī cí	【动】	decline	/35
67.	工薪阶层	gōng xīn jiē céng	【名】	working class	/35
68.	博览会	bó lǎn huì	【名】	expo	/44
69.	听说	tīng shuō	【动】	hear about	/44
70.	参展	cān zhǎn	【动】	participate in an exhibition	/44
71.	规模	guī mó	【名】	scale	/44
72.	举办	jǔ bàn	【动】	hold	/44
73.	届	jiè	【量】	year / session	/44
74.	发展	fā zhǎn	【动】	develop	/44
75.	介绍	jiè shào	【动】	introduce	/44
76.	搭建	dā jiàn	【动】	establish	/48
77.	促进	cù jìn	【动】	promote	/48
78.	战略	zhàn lüè	【名】	strategy	/48
79.	框架	kuàng jià	【名】	frame	/49
80.	永久	yǒng jiǔ	【形】	permanent	/49
81.	会址	huì zhǐ	【名】	conference site	/49
82.	福利	fú lì	【名】	welfare	/49
83.	经贸	jīng mào	【名】	economy and trade	/49
84.	层次	céng cì	【名】	level	/49
85.	宗旨	zōng zhǐ	【名】	aim	/49
86.	座牌	zuò pái	【名】	seating card	/61
87.	议程	yì chéng	【名】	agenda	/61
88.	客房	kè fáng	【名】	guest room	/61
89.	新颖	xīn yǐng	【形】	novel	/61
90.	调研	diào yán	【名】	investigation	/61
91.	集思广益	jí sī guǎng yì		draw on the wisdom of the masses	/61
92.	召开	zhào kāi	【动】	convoke	/61
93.	暂且	zàn qiě		for the moment	/61
94.	定价	dìng jià	【动】	price	/61

95.	促销	cù xiāo	【名】	promotion	/61
96.	涉及	shè jí	【动】	involve	/64
97.	力求	lì qiú	【动】	strive to	/64
98.	一目了然	yí mù liǎo rán		stick out a mile	/64
99.	受众	shòu zhòng	【名】	audience	/64
100.	阐述	chǎn shù	【动】	elaborate	/64
101.	横向比较	héng xiàng bǐ jiào		horizontal comparison	/64
102.	金额	jīn é	【名】	amount of money	/76
103.	包装	bāo zhuāng	【名】	pack	/76
104.	标准	biāo zhǔn	【名】	standard	/76
105.	遗漏	yí lòu	【动】	omit	/76
106.	交付	jiāo fù	【动】	delivery	/76
107.	程序	chéng xù	【名】	procedure	/76
108.	季度	jì dù	【名】	quarter (of a year)	/76
109.	执行	zhí xíng	【动】	carry out	/76
110.	签约	qiān yuē	【动】	sign a contract	/76
111.	盼望	pàn wàng	【动】	expect	/76
112.	合同	hé tong	【名】	contract	/83
113.	范本	fàn běn	【名】	template	/84
114.	协商	xié shāng	【动】	negotiate	/84
115.	区域	qū yù	【名】	region; area	/84
116.	代理	dài lǐ	【动】	agent	/84
117.	条款	tiáo kuǎn	【名】	item; term	/84
118.	期限	qī xiàn	【名】	time limit	/84
119.	续约	xù yuē	【动】	extend a contract	/84
120.	承诺	chéng nuò	【动】	promise	/84
121.	履行	lǚ xíng	【动】	fulfill	/84
122.	管辖权	guǎn xiá quán	【名】	right of competency	/84
123.	事宜	shì yí	【名】	affair	/84
124.	合资	hé zī	【动】	invest jointly	/84
125.	委托	wěi tuō	【动】	entrust	/84
126.	备忘录	bèi wàng lù	【名】	memo	/84
127.	出口	chū kǒu	【名】	exit	/92

生词索引

128.	欢迎	huān yíng	【动】	welcome	/92
129.	负责	fù zé	【名】	be responsible for	/92
130.	抱歉	bào qiàn	【形】	sorry	/92
131.	旅途	lǚ tú	【名】	journey	/92
132.	彩排	cǎi pái	【动】	rehearse	/92
133.	攀谈	pān tán	【动】	chat	/96
134.	精致	jīng zhì	【形】	exquisite	/96
135.	舒适	shū shì	【形】	comfortable	/96
136.	美食	měi shí	【名】	cuisine	/96
137.	紧邻	jǐn lín	【动】	be next to	/96
138.	安静	ān jìng	【形】	quiet	/96
139.	温馨	wēn xīn	【形】	cozy	/96
140.	行程表	xíng chéng biǎo	【名】	schedule	/96
141.	周到	zhōu dào	【形】	considerate	/96
142.	排列	pái liè	【动】	rank	/99
143.	座次	zuò cì	【名】	order of seats	/99
144.	横桌式	héng zhuō shì	【名】	horizontal table	/99
145.	竖桌式	shù zhuō shì	【名】	vertical table	/99
146.	面门	miàn mén	【名】	face the door	/99
147.	背门	bèi mén	【名】	back to the door	/99
148.	居中	jū zhōng	【名】	middle	/99
149.	则	zé	【介】	then	/99
150.	就座	jiù zuò	【动】	be seated	/99
151.	挑选	tiāo xuǎn	【动】	pick；select	/107
152.	圆满	yuán mǎn	【形】	successful	/107
153.	行家	háng jiā	【名】	expert	/107
154.	合作	hé zuò	【动】	cooperate	/107
155.	支持	zhī chí	【动】	support	/107
156.	笑纳	xiào nà	【动】	accept	/107
157.	贵重	guì zhòng	【形】	expensive	/107
158.	收益	shōu yì	【名】	profit	/107
159.	心意	xīn yì	【名】	sincerity	/107

#	词	拼音	词性	释义	页
160.	辛苦	xīn kǔ	【形】	hard-working (here means good job)	/111
161.	哪里哪里	nǎ lǐ nǎ lǐ		The pleasure was all mine.	/111
162.	深厚	shēn hòu	【形】	profound	/111
163.	清凉	qīng liáng	【形】	cool	/111
164.	先干为敬	xiān gàn wéi jìng		drink up to show respect	/111
165.	冬奥会	dōng ào huì	【名】	the Winter Olympic	/111
166.	吉祥物	jí xiáng wù	【名】	mascot	/111
167.	珍藏	zhēn cáng	【动】	treasure up	/111
168.	礼轻情意重	lǐ qīng qíng yì zhòng		Trifling gift with profound feeling.	/111
169.	离	lí	【动】	leave	/121
170.	出差	chū chāi	【动】	travel on business	/122
171.	想念	xiǎng niàn	【动】	miss	/122
172.	愉快	yú kuài	【形】	happy	/122
173.	承蒙关照	chéng méng guān zhào	【动】	be granted a favour	/122
174.	准备	zhǔn bèi	【动】	prepare	/122
175.	了不起	liǎo bù qǐ	【形】	great; excellent	/122
176.	请多关照	qǐng duō guān zhào		Please give us your support and consideration.	/122
177.	平安	píng ān	【名】	safeness	/122
178.	请多保重	qǐng duō bǎo zhòng		Please take care.	/122
179.	中国结	zhōng guó jié		Chinese knot	/122
180.	刺梨汁	cì lí zhī		prickly pear juice	/122
181.	馈赠	kuì zèng	【动】	give as a gift	/126
182.	重视	zhòng shì	【动】	emphasize	/126
183.	贿赂	huì lù	【动】	bribe	/126
184.	禁忌	jìn jì	【名】	taboo	/126
185.	辞别	cí bié	【动】	farewell	/126
186.	利益	lì yì	【名】	interest	/126
187.	保持	bǎo chí	【动】	maintain	/126
188.	适得其反	shì dé qí fǎn		just the opposite to what one wishes	/126